カラー版

一番よくわかる

古事記

々の系譜」折込み付き

國學院大學教授
谷口雅博 監修

西東社

古事記の豊かで奥深い世界

古事記は、日本に現存する最古の書物です。

平仮名も片仮名も発明されていない時代に、漢字のみで書かれたこの書物は、写本で見る限り無味乾燥な漢字の羅列でしかないように見えます。しかし、一文字一文字の漢字の羅列を丁寧に読み解いていくと、そこにはお馴染みの神話や説話の世界が広がっています。

伊耶那岐《イザナキ》と**伊耶那美**《イザナミ》が日本の国土と自然の神々を生み成し、石屋《いわや》に籠もった**天照**《アマテラス》を導き出すために**八百万**《やおよろず》**の神々**が苦労をし、**須佐之男**《スサノヲ》は**八俣**《ヤマタ》**の大蛇**《ヲロチ》を退治し、**大国主**《オホクニヌシ》は**稲羽**《いなば》**の素兎**《しろうさぎ》を助けました。東西平定の立役者である**倭建**《ヤマトタケル》は悲劇的な死を遂げますし、兄と夫との板挟みになって悩み苦しむ后《きさき》の姿や、恋情によって命を落とす皇子・皇女の姿が描かれています。

聖帝とされる**仁徳天皇**《にんとく》や英雄天皇として扱われる**雄略天皇**《ゆうりゃく》なども、それぞれ好色な面や乱暴者としての面がうかがえます。はっきりとその内容を覚えていたり、理解していたりしなくとも、何となく、誰もが知っている、そうした古典が存在するということは、とても幸せなことだと思いますし、そういう古典をもっている国は文化的に豊かだといえるのではないかと思います。

約1300年前に書かれた古事記が、今現在、こうして読むことができるのは、古事記を書き継ぎ、読み継いできた人々や、研究を重ねてきた人々のおかげですし、これからも読み継がれていくことでしょう。

ただ、1300年前に編纂者が伝えようとした内容を、正しく受け取ることは困難ですし、まだまだ解明されていない部分が多くあります。また、古事記の神話や説話については、誤読されている面や、勘違いされているところ、また、さまざまにアレンジを加えられて伝わっている事柄も多くあると思います。

それぞれが自由に読んで解釈する楽しみも、もちろんあってよいとは思いますが、実際には何がどのように描かれているのか、本書のようにわかりやすく解説されたものを参照していただいたうえで、古事記の本文も読んでみていただければ、さらに、おもしろさや奥深さを実感できることでしょう。

谷口雅博

『神代の物語』国立国会図書館所蔵

目次

カラー版 一番よくわかる古事記

「神々の系譜」折込み付き

中巻 なかつまき 105

◆本書は特に明記していない限り、2021年5月現在の情報に基づいています。
◆本書の神名・人名などの表記は、基本的には古事記に準じています。神名・人名は新字体で表記し、ルビは原則的には原文と同じく旧仮名遣いを用いていますが、天皇名や皇后名はひらがなで表記しています。また、読みやすさを考慮して、略称や現代仮名遣いで表記している箇所もあります。
◆神名・人名の尊称である「神」「命」「尊」などは省略している箇所もあります。
◆神名・人名などの表記は、登場ごとに異なるようなばらつきが多くありますが、本書では初出や頻度の高い表記に統一しています。
◆神社における神名・人名の表記は、古事記における表記とちがう場合がありますが、本書の「神社紹介」においては、各神社の神名・人名表記に準じています。

古《こ》事《じ》記《き》とは何か？

古事記という歴史書は、いつ、誰が、どのような目的で編纂した書物なのだろうか。

日本古来の言葉を変体漢文で表記する

古事記《こじき》は、奈良時代の七一二年に成立した日本最古の歴史書である。同時期に成立した**日本書紀《にほんしょき》**（➡P18）とともに、「**記紀《きき》**」と呼ばれる。

古事記の序文によると、最初に40代**天武《てんむ》天皇**が、天皇家の系譜を記した帝紀《ていき》と、古代の伝承を記した旧辞《きゅうじ》に誤りがあるため、正しい歴史を後世に伝えるため、**稗田阿礼《ひえだのあれ》**に正しい天皇家の物語と系譜を誦習《しょうしゅう》させたのがはじまりという。

天武《てんむ》天皇の在世中に歴史書は完成せず、この事業を引き継いだ43代**元明《げんめい》天皇**は、七一一年九月、**太安万侶《おおのやすまろ》**に稗田阿礼《ひえだのあれ》の語る内容を筆録させ、翌年一月に古事記が完成したという。

古事記の序文は、後で付け加えられたという説もあるが、本文の内容や文字づかいから、**八世紀初頭**に成立したのは間違いないとされる。

古事記は、**上巻《かみつまき》・中巻《なかつまき》・下巻《しもつまき》**の全三巻で構成され、上巻は**神話**、中・下巻は**天皇の事績**を記す。全体の三分の一が神話で占められているのが、古事記最大の特徴である。また、**国外**に関する記述はほとんどなく、**歌**が一一二首も収められている。

古事記はすべて**漢字**で記され、基本構文は漢文だが、純粋な漢文ではなく、**万葉仮名《まんようがな》**と呼ばれる**音仮名**（漢字一字に一音を対応させる表記）を交えた**変体漢文**になっている。例えば、「クラゲのように漂《ただよ》っているとき」という文章の原文は、「久《く》羅《ら》下《げ》那《な》州《す》多《た》陀《だ》用《よ》弊《へ》流《る》之時《とき》」となる。

中国人に読めない変体漢文が選ばれたのは、**日本古来**の言葉を表現するためだったと考えられ、古事記が**国内向け**に編纂されたことがわかる。

天武《てんむ》天皇
（？～686）
40代天皇。弘文《こうぶん》天皇と皇位を争い、勝利（壬申《じんしん》の乱）。律令国家体制を整備し、歴史書の編纂を発案した。

国立国会図書館所蔵

古事記編纂の目的は、天皇家が**神の子孫**であることを示し、統治の正統性を主張するためであった。

古事記成立期の天皇系図

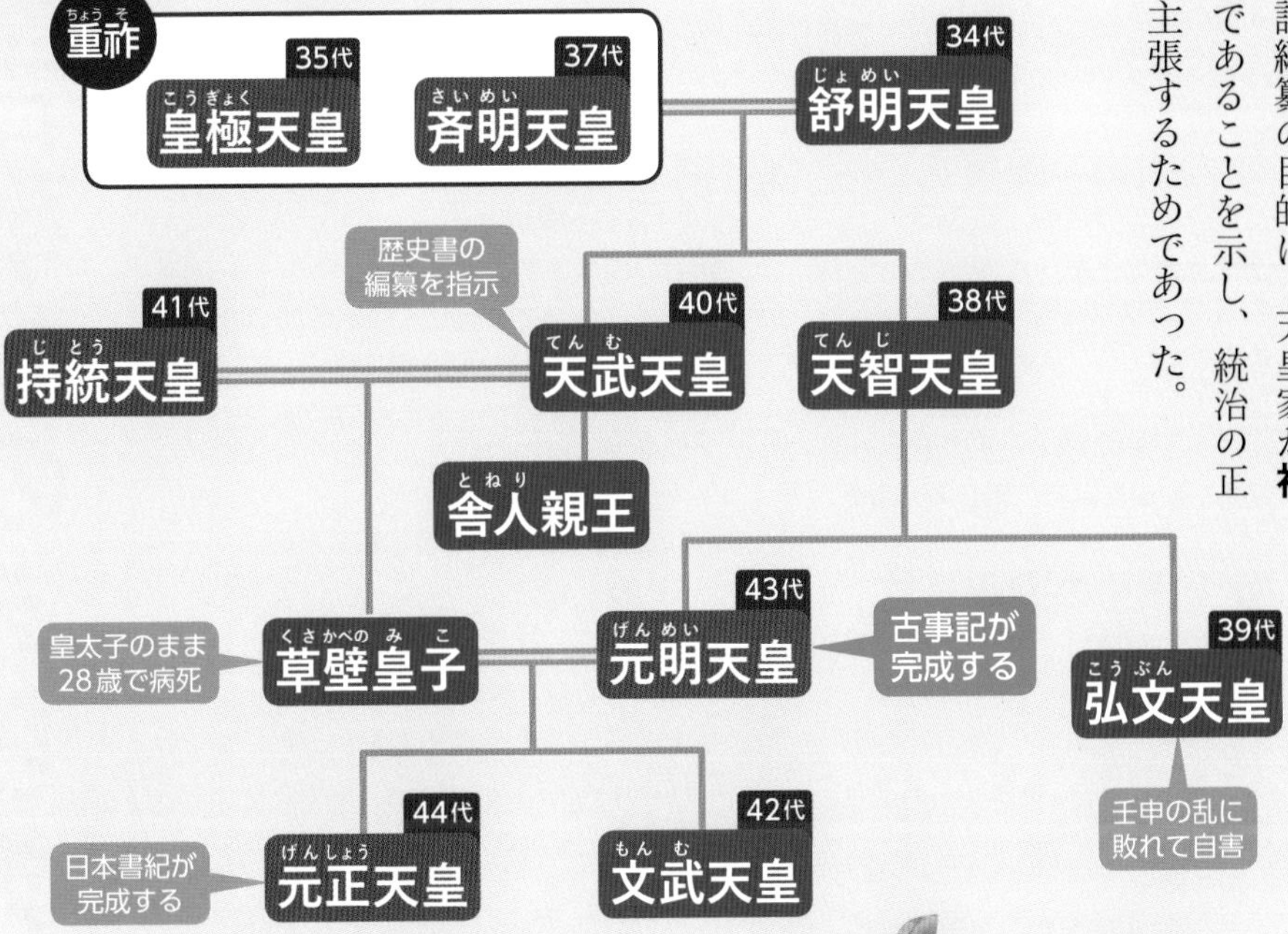

古事記の基本データ

構成 （全三巻）	上巻（天地創成～神代の物語） 中巻（神武《じんむ》天皇～応神《おうじん》天皇） 下巻（仁徳《にんとく》天皇～推古《すいこ》天皇）
編　者	帝紀《ていき》・旧辞《きゅうじ》を誦習した稗田阿礼《ひえだのあれ》の語りを太安万侶《おおのやすまろ》が撰録《せんろく》した
完成年	712年（和銅《わどう》五年）
表　記	音訓交用の変体漢文
目　的	天皇家による統治の正統性を国内に向けて主張するため

稗田阿礼《ひえだのあれ》
（生没年不詳）
猿女君《サルメノキミ》（➡P92）出身の舎人《とねり》（下級役人）という説があるが、詳細は不明。優れた記憶力の持ち主とされる。

太安万侶《おおのやすまろ》
（？～723）
元明《げんめい》天皇の命により、史書編纂を命じられ、四か月で古事記を完成させた。1979年、墓が発見され、実在が確認された。

「舎人親王画像 附収 稗田阿礼・太安万呂」東京大学史料編纂所所蔵〔模写〕

基礎編

古《こ》事《じ》記《き》のあらすじ

古事記は全三巻で構成され、上巻に神代の物語が記され、中・下巻には天皇の事績が記されている。

上巻の内容

天地の創成から、伊波礼毘古《イハレビコ》（後の神武《じんむ》天皇）が誕生するまでの、さまざまな神々の物語を語っている。

1 天地《あめつち》のはじまり
（➡P34〜39）

世界が誕生すると、神々が次々と現れる。やがて、男神・伊耶那岐《イザナキ》と女神・伊耶那美《イザナミ》が現れて結婚し、日本列島を生むが、神生みの途中で伊耶那美《イザナミ》は亡くなる。

2 伊耶那岐《イザナキ》と伊耶那美《イザナミ》
（➡P40〜43）

伊耶那岐《イザナキ》は、妻を迎えるため黄泉《よみ》の国《くに》へ行くが、変わり果てた妻の姿を見て逃げる。地上に戻った伊耶那岐《イザナキ》が禊《みそぎ》を行うと天照《アマテラス》と須佐之男《スサノヲ》が生まれる。

3 天照《アマテラス》と須佐之男《スサノヲ》
（➡P44〜57）

須佐之男《スサノヲ》は、天照《アマテラス》が支配する高天《たかま》の原《はら》に上り乱暴を繰り返す。恐れをなした天照《アマテラス》は天《あま》の石屋《いわや》にこもり、世界は暗闇に覆われるが、八百万《やおよろず》の神々が協力して外に連れ出す。高天《たかま》の原《はら》を追放された須佐之男《スサノヲ》は、出雲《いずも》（島根県）に降り立ち、八俣《ヤマタ》の大蛇《ヲロチ》を退治する。

4 大国主《オホクニヌシ》の国造《くにづく》り
（➡P70〜79）

須佐之男《スサノヲ》の子孫・大国主《オホクニヌシ》は稲羽《いなば》（鳥取県）の海岸で、鮫に皮を剥がされた兎を助ける。兄弟神から迫害を受けた大国主《オホクニヌシ》は根の国《くに》を訪れる。根《ね》の国《くに》では、須佐之男《スサノヲ》からの試練を乗り越えて地上に戻り、国造りに励む。

5 大国主《オホクニヌシ》の国譲り
（➡P80〜85）

大国主《オホクニヌシ》が完成させた地上の国を見た高天《たかま》の原《はら》の天照《アマテラス》は、「我が子孫が統治するべき国」と宣言し、武神・建御雷《タケミカヅチ》を派遣したため、大国主《オホクニヌシ》は天照《アマテラス》に国を譲る。

6 天孫降臨《てんそんこうりん》
（➡P90〜95）

地上を統治するため、天照《アマテラス》は孫の邇邇芸《ニニギ》を派遣する。高千穂《たかちほ》の峰に降臨した邇邇芸《ニニギ》と結婚した木花之佐久夜毘売《コノハナノサクヤビメ》は、火照《ホデリ》と火遠理《ホヲリ》を出産する。

7 伊波礼毘古《イハレビコ》の誕生
（➡P98〜101）

兄の火照《ホデリ》と争った火遠理《ホヲリ》は、海神の力を借りて兄を服従させる。火遠理《ホヲリ》と海神の娘との間に生まれた子は、伊波礼毘古《イハレビコ》（神武《じんむ》天皇）の父となる。

中巻の内容

初代神武《じんむ》天皇から15代応神《おうじん》天皇までの事績を、天皇ごとにまとめて紹介している。

1 神武《じんむ》天皇（➡P112〜117）

九州にいた伊波礼毘古《イハレビコ》は、天下を治めるために東征《とうせい》を開始し、大和《やまと》（奈良県）を平定すると、白檮原宮《かしはらのみや》で初代神武《じんむ》天皇として即位する。

2 綏靖《すいぜい》〜開化《かいか》天皇（➡P122〜123）

後継者争いに勝利した2代綏靖《すいぜい》天皇から9代開化《かいか》天皇までの系譜が記される。

3 崇神《すじん》天皇（➡P124〜127）

10代崇神《すじん》天皇は疫病をしずめるため、大物主《オホモノヌシ》を三輪山《みわやま》にまつる。

4 垂仁《すいにん》天皇（➡P128〜131）

11代垂仁《すいにん》天皇の皇后・沙本毘売《サホビメ》は謀反を起こした兄とともに行動し、自害する。

5 景行《けいこう》天皇（➡P140〜147）

12代景行《けいこう》天皇の子・倭建《ヤマトタケル》は、九州に遠征し、熊曾建《クマソタケル》を討つ。帰還後、天皇から東征《とうせい》を命じられた倭建《ヤマトタケル》は東国を平定するが、その帰路で息絶える。

6 成務《せいむ》・仲哀《ちゅうあい》天皇（➡P150〜153）

14代仲哀《ちゅうあい》天皇の皇后・神功皇后《じんぐうこうごう》は、神託に従って新羅《しらき》に遠征して新羅王《しらきおう》を降伏させる。

7 応神《おうじん》天皇（➡P156〜157）

神功皇后《じんぐうこうごう》の子が15代応神《おうじん》天皇として即位する。その死後、天皇の子・大山守《オホヤマモリ》が反乱を起こすが鎮圧される。

下巻の内容

16代仁徳《にんとく》天皇から33代推古《すいこ》天皇までの事績を、天皇ごとにまとめて紹介している。

1 仁徳《にんとく》天皇（➡P164〜167）

人々の困窮を察した仁徳《にんとく》天皇は、三年間、税を免除する。天皇の皇后・石之日売《イハノヒメ》は、浮気を繰り返す天皇に激しく嫉妬する。

2 履中《りちゅう》・反正《はんぜい》・允恭《いんぎょう》天皇（➡P170〜173）

17代履中《りちゅう》天皇が即位すると、弟の墨江中王《スミノエノナカツミコ》が反乱を起こすが、水歯別《ミズハワケ》（後の18代反正《はんぜい》天皇）に殺される。19代允恭《いんぎょう》天皇の子・軽太子《カルノミコ》は、妹と道ならぬ恋に落ちて心中する。

3 安康《あんこう》天皇（➡P174〜175）

七歳の皇族・目弱《マヨワ》が父の仇である20代安康《あんこう》天皇を殺害。大長谷《オホハツセ》（後の雄略《ゆうりゃく》天皇）は、ふたりの兄を殺害した後、目弱《マヨワ》を滅ぼす。

4 雄略《ゆうりゃく》天皇（➡P176〜177）

大長谷《オホハツセ》は、従兄弟の忍歯《オシハ》を殺害し、21代雄略《ゆうりゃく》天皇として即位する。

5 清寧《せいねい》天皇（➡P180〜181）

22代清寧《せいねい》天皇のとき、忍歯《オシハ》の子である意祁《オケ》と袁祁《ヲケ》の兄弟が発見される。

6 顕宗《けんぞう》天皇（➡P180〜181）

23代顕宗《けんぞう》天皇（袁祁《ヲケ》）は父の復讐のため雄略《ゆうりゃく》天皇の陵墓を破壊しようとするが、意祁《オケ》（後の24代仁賢《にんけん》天皇）に諭《さと》される。

7 仁賢《にんけん》天皇〜推古《すいこ》天皇

系譜のみが記され、具体的な記述がほとんどない。

古《こ》事《じ》記《き》の世界観

古事記の世界は、北方系の「垂直的世界観」と南方系の「水平的世界観」で構成されている。

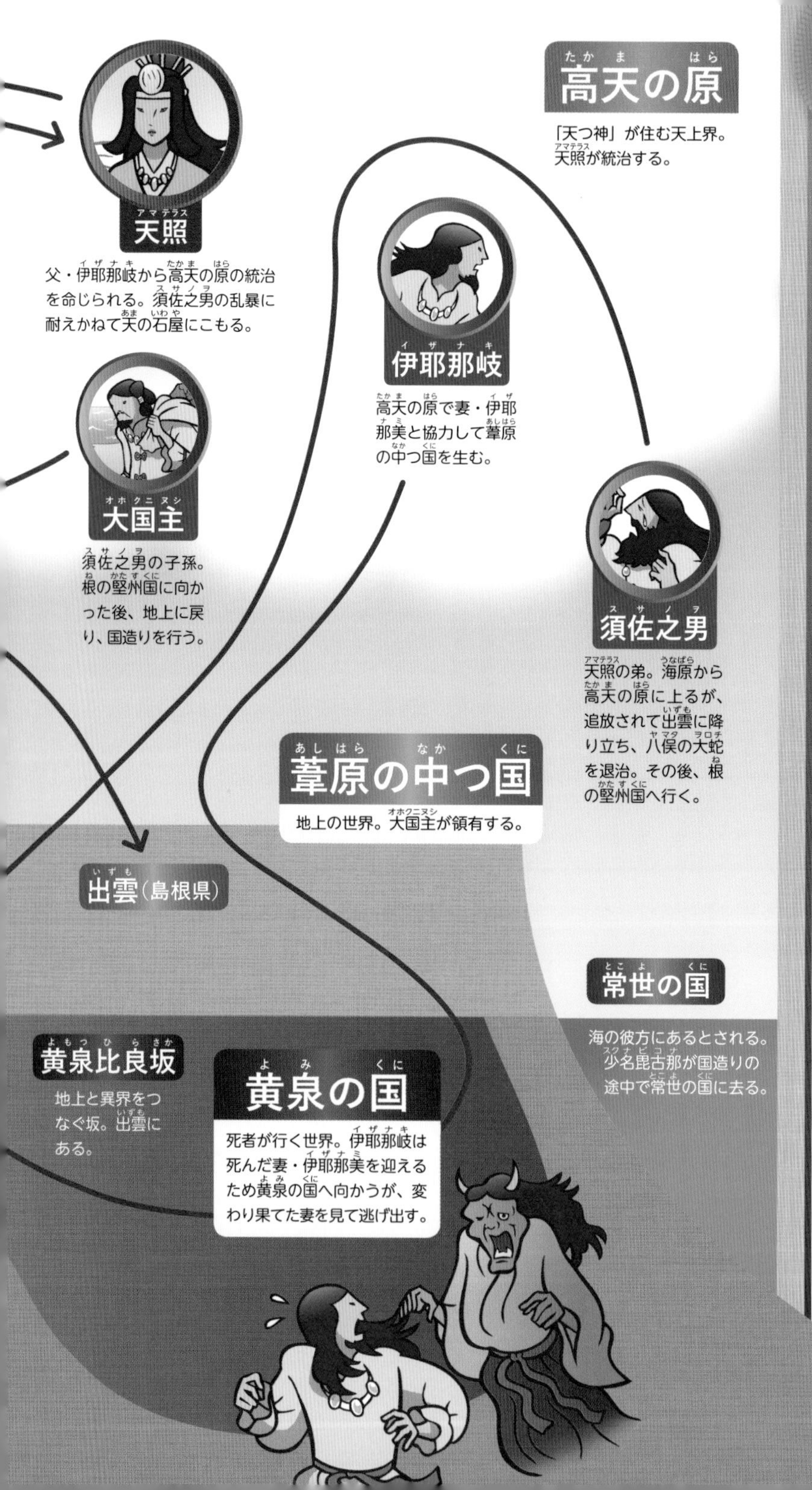

古事記神話に見られる北方系と南方系

古事記の基本的な世界観は、高天《たかま》の原《はら》と葦原《あしはら》の中《なか》つ国《くに》という垂直的な構造をもつ。これは、大陸や朝鮮半島から渡来した人々によって伝えられた北方系神話に基づくとされる。

しかし古事記には、海の彼方にある常世《とこよ》の国《くに》や綿津見《わたつみ》の宮など、水平的な世界観も混在している。これらは、東南アジア方面から伝わった南方系神話だと考えられる。

天《あま》の石屋《いわや》

高天《たかま》の原《はら》にある洞窟。

夜《よる》の食国《おすくに》

月読《ツクヨミ》が、父・伊耶《イザ》那岐《ナキ》から統治を命じられた国。

瓊瓊芸《ニニギ》

天照《アマテラス》の孫。天照《アマテラス》の命令で日向《ひむか》の高千穂の峰に降り立ち、葦原《あしはら》の中《なか》つ国《くに》を統治する。

海原《うなばら》

須佐之男《スサノヲ》が、父・伊耶那岐《イザナキ》から統治を命じられた領域。

火遠理《ホヲリ》

瓊瓊芸《ニニギ》の子。兄の釣針を探すため綿《わた》津見《つみ》の宮に向かう。

日向《ひむか》（南九州）

高千穂《たかちほ》の峰《みね》がそびえる。

綿津見《わたつみ》の宮

海神・大綿津見《オホワタツミ》の宮殿で、海上（または海中）にある。

根《ね》の堅州国《かたすくに》

地下にある国。須佐之男《スサノヲ》が住む。

黄泉《よみ》の国《くに》と根《ね》の堅州国《かたすくに》は、黄泉比良坂《よもつひらさか》で地上とつながっているため、同じ国とも考えられるが、国の性格が違うため、別々の国という説もある。

古《こ》事《じ》記《き》の舞台

全国には、古事記ゆかりの場所が数多く存在する。ここでは、神社以外の舞台地を紹介していく。

上巻の舞台地

1 絵島《えしま》(兵庫県淡路市)

淡路島の北端に浮かぶ島。国生みで最初に誕生した淤能碁呂島《おのごろしま》の伝承地のひとつ。

2 上立神岩《かみたてがみいわ》(兵庫県淡路市)

淡路島の南端に浮かぶ沼島《ぬしま》の海岸にそびえる高さ約30mの岩。天《あめ》の御柱《みはしら》ともいわれる。

3 黄泉比良坂《よもつひらさか》(島根県松江市)

地上と異界をつなぐ黄泉比良坂《よもつひらさか》の伝承地。

写真提供/島根県観光写真ギャラリー

4 みそぎ池(宮崎県宮崎市)

黄泉《よみ》の国《くに》から戻った伊耶那《イザナ》岐《キ》が、穢《けが》れを払うために禊《みそぎ》を行った池と伝えられる。

5 天安河原《あめのやすのかわら》(宮崎県高千穂町)

(➡P49)

6 斐伊川《ひいかわ》(島根県雲南市など)

八俣《ヤマタ》の大蛇《ヲロチ》は、氾濫を繰り返す斐伊川《ひいかわ》をイメージしたものと考えられている。

写真提供/島根県観光写真ギャラリー

7 白兎《はくと》海岸(鳥取県鳥取市)

稲羽《いなば》の素兎《しろうさぎ》の舞台とされる海岸。すぐ沖には、兎がすんでいた淤岐島《おきのしま》が浮かぶ。

8 美保関《みほのせき》(島根県松江市)

少名毘古那《スクナビコナ》と大国主《オオクニヌシ》が出会った岬。

写真提供/島根県観光写真ギャラリー

9 稲佐《いなさ》の浜《はま》(島根県出雲市) (➡P86)

10 高千穂峰《たかちほのみね》(宮崎県高原町) (➡P96)

古事記舞台地マップ

古事記の舞台地は、近畿地方、島根県、宮崎県に集中している。

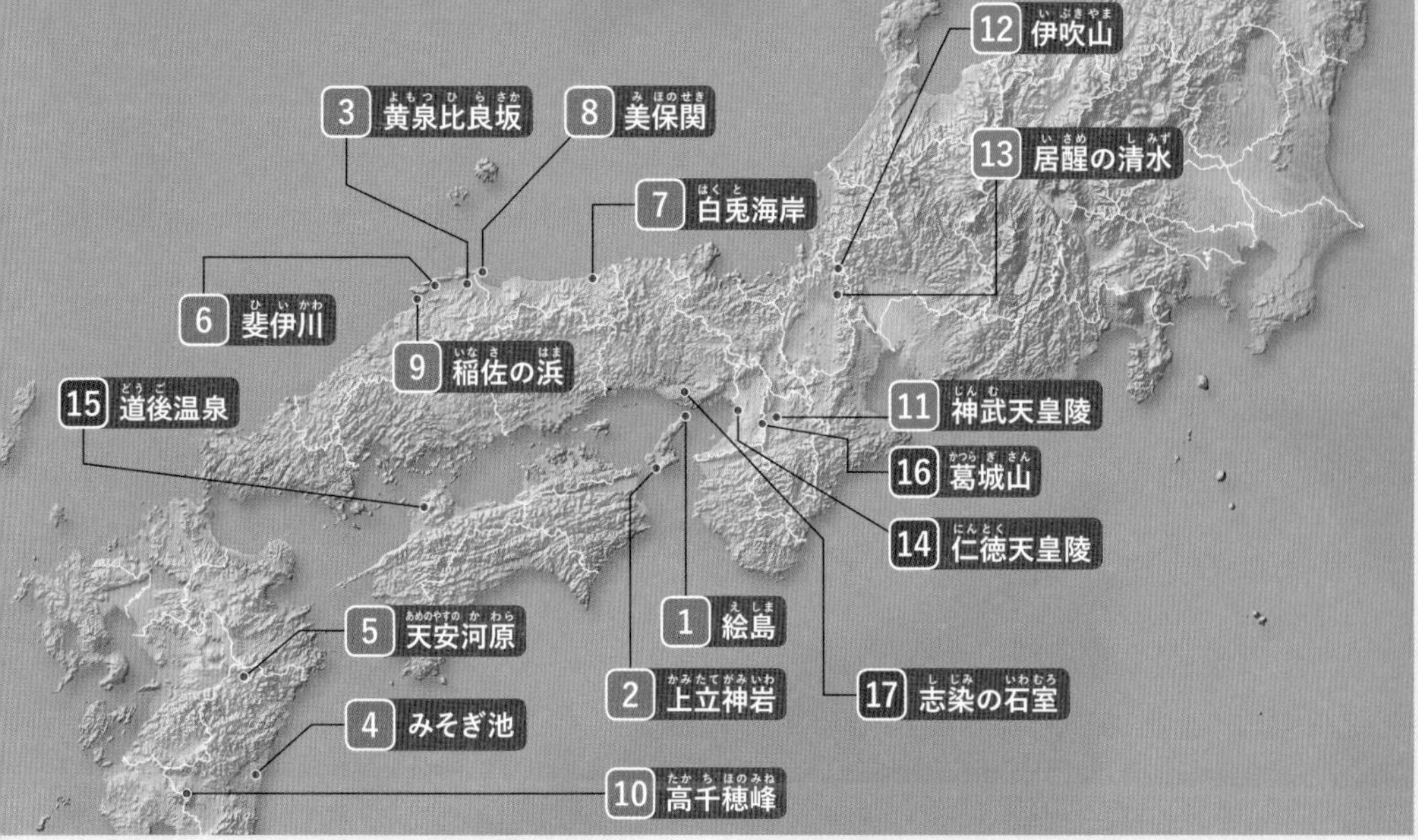

下巻の舞台地

14 仁徳《にんとく》天皇陵（大阪府堺市）

（➡ P169）

15 道後《どうご》温泉（愛媛県松山市）

（➡ P173）

16 葛城山《かつらぎさん》（奈良県・大阪府）

（➡ P179）

17 志染《しじみ》の石室《いわむろ》（兵庫県三木市）

逃亡した意祁《オケ》と袁祁《ヲケ》が隠れ住んだと伝わる洞穴。

中巻の舞台地

11 神武《じんむ》天皇陵（奈良県橿原市）

（➡ P119）

神武《じんむ》天皇が初代天皇として即位した白檮原宮《かしはらのみや》（現在の橿原《かしはら》神宮）に北接する。

12 伊吹山《いぶきやま》（滋賀県・岐阜県）

（➡ P149）

13 居醒《いさめ》の清水《しみず》（滋賀県米原市）

伊吹山《いぶきやま》で神の毒気に当たった倭建《ヤマトタケル》が、その毒気を洗い流したと伝わる。

基礎編

日《に》本《ほん》書《しょ》紀《き》とは何か？

古事記と同時期に成立した日本書紀は、どのような書物で、古事記とは何が違うのか？

中国向けに編纂された日本最初の正史

日本書紀《にほんしょき》は、七二〇年に完成した日本最初の**正史**（国家が編纂した正式な歴史書）である。全三十巻で、系図一巻が付属していた（現存せず）。当初、**日本紀**《にほんぎ》と呼ばれていた。

天武《てんむ》**天皇**が**川島皇子**《かわしまのみこ》や**忍壁皇子**《おさかべのみこ》らに編纂を命じたのがはじまりで、その後、約四十年間、編纂作業が続けられ、最終的に**舎人親王**《とねりしんのう》が完成させ、**元正**《げんしょう》**天皇**に献上した。

日本書紀は、すべて**漢文**で記され、**神代**から41代**持統**《じとう》**天皇**までの事績が、編年体《へんねんたい》（年代順に記述する形式）によって記されている。

しかし、神話が占める割合は一割程度で、古事記がほとんど触れなかった23代**顕宗**《けんぞう》**天皇**以降の事績について、全体の五割以上の分量で記し、天武《てんむ》天皇は二巻、持統《じとう》天皇は一巻を占めている。

中国や**朝鮮**の文献が引用されていることも日本書紀の特徴で、このことから、編纂には**渡来人**《とらいじん》が深く関わったことがうかがえる。

日本書紀を編纂した理由は、中国に正史を示すためであった。中国における正史は、王朝支配の**正統性**を示す重要な資料であった。つまり、日本書紀は**中国向け**の書物であり、**国内向け**だった古事記とは目的が違っていたのである。

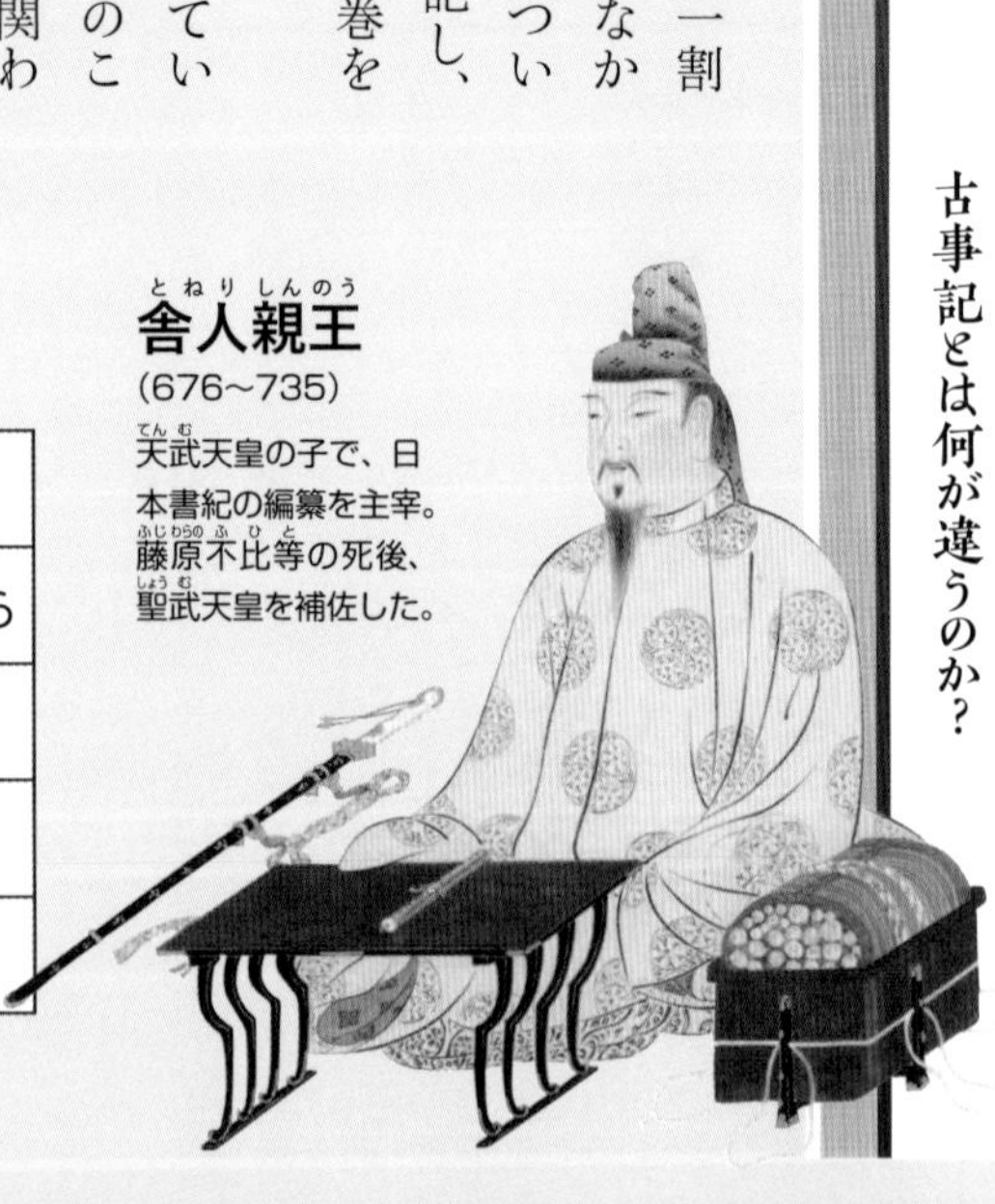

舎人親王《とねりしんのう》
(676～735)
天武《てんむ》天皇の子で、日本書紀の編纂を主宰。藤原不比等《ふじわらのふひと》の死後、聖武《しょうむ》天皇を補佐した。

「舎人親王画像 附収 稗田阿礼・太安万呂」東京大学史料編纂所所蔵〔模写〕

日本書紀の基本データ

構　成	三十巻＋系図一巻
編　者	舎人《とねり》親王、川島皇子《かわしまのみこ》ら
完成年	720年（養老《ようろう》四年）
表　記	漢文
目　的	中国に正史を示すため

上《かみつ》巻《まき》

天地のはじめ

天の石屋

八俣の大蛇

稲羽の素兎

大国主の国譲り

天孫降臨

背景画像／『古事記 上巻』国立国会図書館所蔵

上巻のあらすじ

世界が誕生し、天上を支配する天照《アマテラス》の孫・邇邇芸《ニニギ》が、地上に降臨するまでの物語である。

国生みと神生み

〔➡P34~43〕

1 世界が誕生し、伊耶那岐《イザナキ》と伊耶那美《イザナミ》が出現。ふたりは結婚して国生みと神生みを開始する。

2 神生みの途中で伊耶那美《イザナミ》は死に、黄泉《よみ》の国《くに》へ行く。

3 伊耶那岐《イザナキ》は妻を迎えに行くが、変わり果てた姿を見て逃げ出す。

4 地上に戻った伊耶《イザ》那岐《ナキ》は、天照《アマテラス》と須《ス》佐之男《サノヲ》を生む。

天《あま》の石屋《いわや》

〔➡P44~55〕

5 須佐之男《スサノヲ》は天《アマ》照《テラス》が治める天に上り、乱暴を繰り返す。

6 天照《アマテラス》は石屋《いわや》にこもり、世界は暗闇に包まれるが、八百《やお》万《よろず》の神々の協力で天照《アマテラス》は石屋《いわや》から引き出される。

7 責任を問われた須佐之男《スサノヲ》は天から追放される。

大国主《オホクニヌシ》の国譲《くにゆず》り

〔➡P70~85〕

9 須佐之男《スサノヲ》の子孫・大国主《オホクニヌシ》は稲羽《いなば》の海岸で兎を助ける。

八俣《ヤマタ》の大蛇《ヲロチ》

〔➡P56~57〕

8 出雲《いずも》に降り立った須佐之男《スサノヲ》は、八俣《ヤマタ》の大蛇《ヲロチ》を退治する。

10 大国主《オホクニヌシ》は神々に助けられながら国造りを完成させる。

11 天照《アマテラス》から国を譲るように要求された大国主《オホクニヌシ》は、承諾する。

天孫降臨《てんそんこうりん》

〔➡P90~101〕

12 天照《アマテラス》の孫・邇邇芸《ニニギ》が地上に派遣され、高千穂《たかちほ》の峰に降り立つ。

13 邇邇芸《ニニギ》の子孫に、伊波礼毘古《イハレビコ》（後の神武《じんむ》天皇）が誕生する。

伊耶那岐《イザナキ》と伊耶那美《イザナミ》

天と地の はじまりのとき
三柱の神々が 現れ、天と地に神を 次々と生み出した。
その神の中から 伊耶那岐命《イザナキノミコト》と伊耶那美命《イザナミノミコト》のふたりの神は 夫婦となり、
伊耶那岐命《イザナキノミコト》
伊耶那美命《イザナミノミコト》
まだ形のない 地上に島と神をつくった。
伊耶那美《イザナミ》は 火の神を生んだとき、 大火傷を負って 命を落としてしまう。
妻を取り戻すため、 伊耶那岐《イザナキ》は黄泉《よみ》の国《くに》へ 旅立った。
伊耶那美《イザナミ》 迎《むか》えに来《き》たぞ!
地上に戻って 一緒に国造りを 完成させよう!

伊耶那岐《イザナキ》様 やっと来てくださったのですね
では戻れるか黄泉《よみ》の国《くに》の神様に相談して参ります
それまでここでお待ちください
決して中に入って私を見てはなりません
いいですね？
わかった！
…遅いな
イライラ
もしや何かあったのか…
ギィ…
そろ〜
！
伊耶那美《イザナミ》！
いたのかっ

うわぁ!
おのれ!
約束を破ったな!
逃がさぬぞ!
ダダッ
ひぃぃぃ!
待てー!
桃の木!?

ぼんっ
ぼんっ
ゴゴゴ…
しまった！
地上への出口が！
許さぬぞ！伊耶那岐《イザナキ》！
ガッ
このまま私と別れるというなら私は毎日、地上の人間を千人殺してやる！
構わぬ！
それなら私は毎日、地上に千五百人の人間を生む！
お別れだ！伊耶那美《イザナミ》！

天《あま》の石屋《いわや》
黄泉《よみ》の国《くに》から帰った伊耶那岐《イザナキ》は禊《みそぎ》をして三柱の神を生み、それぞれに国を与えた。
天照大御神《アマテラスオホミカミ》
高天《たかま》の原《はら》
月読命《ツクヨミノミコト》
夜《よる》の食国《おすくに》
須佐之男命《スサノヲノミコト》
海原《うなばら》
しかし、乱暴者の須佐之男《スサノヲ》は海原《うなばら》を治めず天に上り、
天照《アマテラス》を苦しめてばかりいた。
天照《アマテラス》は耐えきれず、ついに天《あま》の石屋《いわや》に身を隠してしまう。こうして高天《たかま》の原《はら》も地上も闇に包まれてしまった。
困った神々は天《あま》の石屋《いわや》の前に集まって、ある作戦を実行した。
八尺瓊《やさかに》の勾玉《まがたま》
八咫《やた》の鏡《かがみ》
それと常世《とこよ》から集めた長鳴鳥《ナガナキドリ》
さあ準備はできたぞ
思金神《オモヒカネノカミ》
コケッ
コケッ
コケッ

シャランッ
はじめてくれ
天宇受売《アメノウズメ》！
では
どうぞ皆さま
私の踊りで楽しく笑い
騒いでくださいませ
トッ
ワァアアアアア
いったい何の
騒ぎかしら？
コケー
ワハハハ
ワハハハ
コケー

ギギ
なぜそんなに笑っているのです? 外は暗くて楽しくないでしょうに
あなたより貴い神が現れたので喜んでいるのですよ
ほら ご覧ください
ザッ
このような方です!
まあ 私のように輝く神がもうひとり?
もっとよく見せて…
ギギギ
ダッ
天手力男命《アメノタヂカラヲノミコト》

!!
やったぞ!
ワッ
これで
ここには
もう入れま
せんよ!
こうして天と
地に光が戻った。

八俣《ヤマタ》の大蛇《ヲロチ》
天照《アマテラス》を苦しめた罪で高天《たかま》の原《はら》を追放された須佐之男《スサノヲ》は、地上の出雲《いずも》へと降り立った。
出雲《いずも》
須佐之男《スサノヲ》はその地である老夫婦に出会った。
そうか…
おまえは、その八俣《ヤマタ》の大蛇《ヲロチ》に多くの娘を食われたのだな
はい
八俣《ヤマタ》の大蛇《ヲロチ》はひとつの胴体に頭と尾が八つもある、それは恐ろしい大蛇《ヲロチ》なのです
足名椎《アシナヅチ》
櫛名田比売《クシナダヒメ》
手名椎《テナヅチ》
このままでは私どもはこの最後の娘も失うことに…
よし!
私は、天照大御神《アマテラスオホミカミ》の弟須佐之男命《スサノヲノミコト》!
その娘を嫁にくれるなら八俣《ヤマタ》の大蛇《ヲロチ》を退治してやろう!
それはありがたい申し出!ぜひともお願いします!
では、わが妻よ私がその身を守ってやる
ズッ

ぽんっ
娘が櫛に！
八俣《ヤマタ》の大蛇《ヲロチ》を退治するまでこうしておれば食われることはないぞ！
ではおまえたちは今から言うものを用意しろ
この策に絶対に必要なのは…
格別に強い酒だ！
仰せのとおり垣根につくった八つの入口にそれぞれ酒を置きました
上出来だ
ゴゴゴゴゴ…

ジャバ
ジャバ
ジャバ
ジャバ
来たぁ！
よーし
どんどん
飲め！
どーん
ゲフゥ
ゲフッ
グー
ばたんっ
グー

寝てます！
酒が効いたのだ！
おまえの悪行もこれまでだ！
八俣《ヤマタ》の大蛇《ヲロチ》
剣だ！
大蛇《ヲロチ》の尾から剣が出たぞ！
この剣が天照《アマテラス》に献上され、後に三種の神器の草薙《くさなぎ》の剣《つるぎ》となった。

上巻01

誕生した世界に神々が現れる
天地《あめつち》のはじめ

現れては姿を隠す世界最初の神々

はるか昔、混沌とした世界に天と地が最初に現れたとき、天上の**高天**《たかま》**の原**《はら》に**天御中主神**《アメノミナカヌシノカミ》が現れ、次に**高御**《タカミ》**産巣日神**《ムスヒノカミ》、その次に**神産巣日神**《カムムスヒノカミ》が現れた。この*三柱の神は皆、男女の区別がない**独**《ひと》**り神**《がみ》として成り出たが、すぐに身を隠してしまう。

できたばかりの**下界**の国土は、水に浮かぶ**脂**《あぶら》のようで、海の上を漂うクラゲのように漂っていた。

そのとき、泥沼の中から葦《あし》の芽が萌え出るように**宇摩志阿斯訶備比古**《ウマシアシカビヒコ》**遅神**《ヂノカミ》と**天之常立神**《アメノトコタチノカミ》の二柱の独り神が現れたが、姿を隠してしまった。以上の五柱の神は、**別天**《ことあま》**つ神**《かみ》と呼ばれている。

続いて、**国之常立神**《クニノトコタチノカミ》と**豊雲野神**《トヨクモノノカミ》の二柱の独り神が成り出たが、すぐに姿を隠してしまった。

さらに続いて、四組の男神と女神が次々と現れ、五組目の、男神**伊耶**《イザ》**那岐命**《ナキノミコト》と女神**伊耶那美命**《イザナミノミコト》が現れた。国之常立《クニノトコタチ》から伊耶那美までを合わせて**神代七代**《かむよななよ》という。

この二柱の男女神は、天の神から、「海を固めて国を造れ」と命じられ、そこで神聖な**天**《あめ》**の沼矛**《ぬぼこ》を与えられた。そこでふたりは、天地の間にかかる**天**《あめ》の**浮橋**《うきはし》に立って沼矛《ぬぼこ》を下界に下ろし、海をごろごろと鳴らしてかき回した。

沼矛を抜くと、矛先から滴り落ちる海水が積み重なって固まり、**淤能**《おの》**碁呂島**《ごろしま》となった。

Q&A 神々の数には何か意味がある？

冒頭の神話には、「三柱の神」「五柱の神」「神代七代」など、神々が奇数でまとめられている。これは、奇数を聖数として尊ぶ中国思想が影響している。

＊**三柱**／柱は、神々を数えるときに用いる言葉。

神々の紹介

天御中主神《アメノミナカヌシノカミ》
天の中心の最高神

高御産巣日神《タカミムスヒノカミ》
創造を司る皇室系神

神産巣日神《カムムスヒノカミ》
創造を司る出雲《いずも》系の神

天地のはじまり

1 三柱の神の出現

混沌とした世界にはじめて天と地が分かれたとき、天上の高天《たかま》の原《はら》に天御中主《アメノミナカヌシ》、高御《タカミ》産巣日《ムスヒ》、神産巣日《カムムスヒ》という三柱の神が現れた。さらに、宇摩志阿斯訶備比古遅《ウマシアシカビヒコチ》と天之常立《アメノトコタチ》が現れた。

2 神世七代《かむよななよ》

その後、国之常立《クニノトコタチ》と豊雲野《トヨクモノ》が現れ、男女二神が対になった夫婦神が四組現れる。最後に男神・伊耶那岐《イザナキ》と女神・伊耶那美《イザナミ》が誕生した。

3 国造りの命令

伊耶那岐《イザナキ》と伊耶那美《イザナミ》は、高天《たかま》の原《はら》の神から国土を固めるように求められ、天《あめ》の沼矛《ぬぼこ》を授かる。

4 淤能碁呂島《おのごろしま》の誕生

ふたりは天《あめ》の浮橋《うきはし》に立って、天《あめ》の沼《ぬ》矛《ぼこ》を海水に入れてかき混ぜると、矛先から落ちた潮が固まり、淤能碁呂《おのごろ》島《しま》ができた。

夫婦神の国生み

伊耶那岐《イザナキ》と伊耶那美《イザナミ》が日本列島を生む

男神から女神に声をかけて国を生む

伊耶那岐《イザナキ》と**伊耶那美**《イザナミ》は**淤能碁呂島**《おのごろしま》に降り立つと、神聖な**天の御柱**《あめのみはしら》と、巨大な神殿**八尋殿**《やひろどの》を建てた。

そして、伊耶那岐《イザナキ》は伊耶那美《イザナミ》に、「あなたの体の足りない部分と、私の体の余っている部分を合わせて**国土**をつくるのはどうだろう」と提案した。伊耶那美《イザナミ》は、「それは結構ですね」と答えた。

それで、伊耶那美《イザナミ》は天の御柱《あめのみはしら》をまわり、伊耶那岐《イザナキ》に出会ったところで、「すてきな男だわ」と声をかけた。伊耶那岐《イザナキ》は、「すてきな女だ」と答え、ふたりは結婚。その場で契りを交わしたが、生まれたのは手足のなえた*****水蛭子**《ヒルコ》だったので、葦の舟に乗せて流し棄てた。

伊耶那岐《イザナキ》は、「今、私たちが生んだ子は**不吉**だ。やはり天の神に相談しよう」と言い、妻とともに**高天**《たかま》**の原**《はら》に上った。

天の神から、「ちゃんとした子どもが生まれないのは、先に女から声をかけたためだ。言い直しなさい」と助言されたふたりは、島に降り、再び御柱《みはしら》をまわり、今度は伊耶那岐《イザナキ》が先に声をかけた。すると、最初に**淡路島**《あわじしま》が誕生した。

続いてふたりは、**四国**、**隠岐島**《おきのしま》、**九州**、**壱岐島**《いきのしま》、**対馬**《つしま》、**佐渡島**《さどのしま》、**大倭**《おおやまと》**豊秋津島**《とよあきつしま》（本州）を生んでいった。

この八つ島を先に生んだので、わが国は**大八島**《おおやしま》と呼ばれるのである。

Q&A

国生みの順序には意味がある？

淡路島から対馬へと続く国生みの順序は、瀬戸内海から大陸へ向かう航路である。当時、東日本が重視されていなかったことを物語っている。

＊**水蛭子**《ヒルコ》／蛭のような手足のなえた子。

神々の紹介

伊耶那岐命《イザナキノミコト》
国生みをした神

伊耶那美命《イザナミノミコト》
伊耶那岐《イザナキ》の妻

夫婦神による国生み

1 最初の国生み

夫婦神は天の御柱をまわり、出会ったところで伊耶那美《イザナミ》が先に声をかけ、契りを交わし、国生みをする。

2 水蛭子《ヒルコ》の誕生

最初の子は、手足のなえた子・水蛭子《ヒルコ》だったので、夫婦神は葦の舟に乗せて流した。

3 日本列島の誕生

天の神から助言を受けた夫婦神は、再び御柱《みはしら》をまわり、今度は伊耶那岐《イザナキ》が先に声をかけると、淡路島が誕生した。夫婦神は次々に島を生んでいき、大八島《おおやしま》(日本列島)が誕生した。そして夫婦神は帰るとき、吉備児島《きびのこじま》や小豆島《あずきしま》など、さらに六島を生んで、国生みを終えた。

※番号は誕生した順。

さらに生んだ六島

- ❾吉備児島《きびのこじま》(岡山県児島半島)
- ❿小豆島《あずきしま》(香川県小豆島)
- ⓫大島《おおしま》(山口県大島)
- ⓬女島《ひめしま》(大分県姫島)
- ⓭知訶島《ちかのしま》(長崎県五島列島)
- ⓮両児島《ふたごのしま》(長崎県男女群島)

上巻03

伊耶那岐《イザナキ》と伊耶那美《イザナミ》が神々を生む
夫婦神の神生み

神々の紹介

伊耶那岐命《イザナキノミコト》
国生みをした神

伊耶那美命《イザナミノミコト》
伊耶那岐《イザナキ》の妻

母神を死なせた子 火之迦具土神《ヒノカグツチノカミ》

国生みを終えた**伊耶那岐**《イザナキ》と**伊耶那美**《イザナミ》は、住居に関わる七柱の神を生み、続いて海の神**大綿津見神**《オホワタツミノカミ》（⬇P98）など水に関わる三柱の神を生んだ。

さらにふたりは、山の神**大山津見神**《オホヤマツミノカミ》（⬇P94）をはじめ風、木、野など自然に関わる四柱の神を生み、最後に、神が乗る船の**鳥之石楠船神**《トリノイハクスフネノカミ》や、穀物の女神**大宜都比売神**《オホゲツヒメノカミ》（⬇P54）など、生産に関わる神々を生んでいった（神生み）。

しかし、火の神**火之迦具土神**《ヒノカグツチノカミ》を生んだとき、伊耶那美《イザナミ》は陰部に大火傷を負ってしまう。

それでも、伊耶那美《イザナミ》は苦しむ病床で、**嘔吐物**や**糞尿**などから、鉱山や粘土、灌漑《かんがい》などに関わる六柱の神々を生んでいったが、ついに亡くなってしまった。

伊耶那岐《イザナキ》は、「いとしい私の妻を、ただひとりの子と取りかえようとは思いもしなかった」と嘆き、妻の亡骸《なきがら》を＊**比婆山**《ひばやま》に葬った。

しかし、伊耶那岐《イザナキ》の悲しみは深く、腰に帯びた**十拳**《とつか》**の剣**《つるぎ》を抜くと、自分の子である**火之迦具土**《ヒノカグツチ》の首を切ってしまった。すると、その血や亡骸《なきがら》から雷の神**建御雷神**《タケミカヅチノカミ》（⬇P82）など八柱の神が生まれ、亡骸からも八柱の神が生まれた。

それでも、妻を忘れられない伊耶那岐《イザナキ》は、妻を連れ戻そうと、死者のいる**黄泉**《よみ》**の国**《くに》に向かった。

Q&A

火の神の神話は何を象徴している？

火之迦具土神《ヒノカグツチノカミ》の誕生は火の起源を語る神話である。人が火を手に入れるため払った大きな代償を象徴するものが、「母神の死」であると考えられる。

＊**比婆山**《ひばやま》／出雲《いずも》（島根県）と伯耆《ほうき》（鳥取県）との境にあったとされる。

神生みと伊耶那美《イザナミ》の死

2 大火傷を負う伊耶那美《イザナミ》

伊耶那美《イザナミ》は火之迦具土《ヒノカグツチ》を生むとき、陰部に大火傷を負い、亡くなる。

3 火之迦具土《ヒノカグツチ》の死

伊耶那美《イザナミ》の死を悲しむ伊耶那岐《イザナキ》は、子の火之迦具土《ヒノカグツチ》を殺害し、妻を連れ戻すため、黄泉《よみ》の国《くに》に向かう。火之《ヒノ》迦具土《カグツチ》の血や亡骸《なきがら》からは、建御雷神《タケミカヅチノカミ》(➡P82)など、多くの神々が生まれた。

1 夫婦神による神生み

国生みを終えた伊耶那岐《イザナキ》と伊耶那美《イザナミ》は、次々と神々を生んでいった。

住居に関わる七柱

- 大事忍男神《オホコトオシヲノカミ》（神生みを象徴する神）
- 石土毘古神《イハツチビコノカミ》（石と土の神）
- 石巣比売神《イハスヒメノカミ》（石と砂の女神）
- 大戸日別神《オホトヒワケノカミ》（門の神）
- 天之吹男神《アメノフキヲノカミ》（屋根の神）
- 大屋毘古神《オホヤビコノカミ》（建物の神）（➡ P72）
- 風木津別之忍男神《カザモクツワケノオシヲノカミ》（風の神）

水に関わる三柱

- 大綿津見神《オホワタツミノカミ》（海の神）
- 速秋津日子神《ハヤアキツヒコノカミ》（河の神）
- 速秋津比売神《ハヤアキツヒメノカミ》（河の女神）

自然に関する四柱

- 志那都比古神《シナツヒコノカミ》（風の神）
- 久久能智神《ククノチノカミ》（木の神）
- 大山津見神《オホヤマツミノカミ》（山の神）
- 鹿屋野比売神《カヤノヒメノカミ》（野の女神）

生産に関わる三柱

- 鳥之石楠船神《トリノイハクスフネノカミ》（神が乗る船）
- 大宜都比売神《オホゲツヒメノカミ》（穀物の女神）
- 火之迦具土神《ヒノカグツチノカミ》（火の神）

火之迦具土《ヒノカグツチ》

伊耶那岐《イザナキ》が妻のいる死者の国へ向かう

黄泉《よみ》の国《くに》

黄泉比良坂《よもつひらさか》で永遠の別れを告げた夫婦神

死者の世界である**黄泉《よみ》の国《くに》**に向かった**伊耶那岐《イザナキ》**は、**伊耶那美《イザナミ》**がいる御殿の扉の前で、「いとしい私の妻よ。国造りはまだ終わっていない。だから帰ってきてほしい」と懇願した。

伊耶那美《イザナミ》は、「私は黄泉《よみ》の国《くに》の食べ物を食べて**穢《けが》れて**しまいました。けれど、いとしいあなたが迎えに来てくれました。私も帰りたいので、この国の神々に相談してみます。その間、どうか私を見ないでください」と告げ、御殿の中に戻っていった。

しかし、待ちきれなくなった伊耶《イザ》那岐《ナキ》が、約束を破って御殿の中に入って**火**を灯すと、醜く崩れた妻の姿が現れた。驚いた伊耶那岐《イザナキ》が逃げ出すと、伊耶那美《イザナミ》は、「よくも私に恥をかかせたな」と激怒し、＊**黄泉醜女《よもつしこめ》**や**雷神**などに後を追わせた。

伊耶那岐《イザナキ》は追手を必死に追い払いながら、ようやく黄泉《よみ》の国《くに》の出口にある**黄泉比良坂《よもつひらさか》**にたどり着いた。

しかし、今度は伊耶那美《イザナミ》自身が追ってきた。伊耶那岐《イザナキ》は大急ぎで坂を**千引《ちびき》の岩《いわ》**でふさいで離縁を告げると、伊耶那美《イザナミ》は、「いとしいあなたよ、そういうことをするなら、私はあなたの国の人々を一日に**千人**ずつ殺そう」と言った。伊耶那岐《イザナキ》は、「それなら私は一日に**千五百人**の子をつくろう」と答えた。

こうしてふたりは、永久に決別したのである。

Q&A 人は草のような存在だった？

原文では、人は「青人草《あおひとくさ》」と表現されている。人が増える様子を、地面に生い茂る青草にたとえたもので、漢語の蒼生(人民)の翻訳語ともいわれる。

＊**黄泉醜女《よもつしこめ》**／黄泉《よみ》の国《くに》に住む鬼女。

神々の紹介

伊耶那岐命《イザナキノミコト》
国生みをした神

伊耶那美命《イザナミノミコト》
伊耶那岐《イザナキ》の妻

黄泉《よみ》の国《くに》から逃げる伊耶那岐《イザナキ》

1 妻を見て逃げる伊耶那岐《イザナキ》

黄泉《よみ》の国《くに》で醜く腐乱した妻・伊耶那美《イザナミ》を見た伊耶那岐《イザナキ》は恐れをなして逃げ出す。怒った伊耶那美《イザナミ》は、黄泉醜女《よもつしこめ》や雷神に追わせる。

2 追っ手から逃れる伊耶那岐《イザナキ》

伊耶那岐《イザナキ》が、黄泉醜女《よもつしこめ》に黒御鬘《くろみかずら》(髪を束ねる飾り)を投げると山ぶどうが生え、さらに櫛を投げると竹の子が育った。黄泉《よもつ》醜女《しこめ》がそれらを食べている間に逃げた。

3 桃の実で撃退

雷神と黄泉《よみ》の国《くに》の兵が追ってきたため、伊耶那岐《イザナキ》は黄泉比良《よもつひら》坂《さか》で桃の実を投げて撃退する。

4 永遠に決別する夫婦

伊耶那岐《イザナキ》は黄泉比良坂《よもつひらさか》を千《ち》引《びき》の岩《いわ》でふさぎ、追ってきた伊耶那美《イザナミ》に別れを告げる。

禊《みそぎ》から生まれた天照《アマテラス》と須佐之男《スサノヲ》 三《さん》貴《き》子《し》の誕生

天照《アマテラス》と月読《ツクヨミ》は目から 須佐之男《スサノヲ》は鼻から

黄泉《よみ》の国《くに》から地上の**葦原《あしはら》の中《なか》つ国《くに》**に戻った**伊耶那岐《イザナキ》**は、「私はなんという穢《けが》れた国に行ってしまったのだ。身を清めるために＊**禊《みそぎ》**をしよう」と言って、日向《ひむか》（宮崎県）の**阿波岐原《あわきはら》**で**禊《みそ》ぎ祓《はら》い**の儀式を行った。

投げ捨てた**杖**や**嚢《ふくろ》**などから次々と神が生まれ、脱ぎ捨てた**衣**や**帯**や**褌《えどし》**、**冠**、**腕輪**などからも次々と神が生まれた。その数は十二柱にのぼった。

水の中に潜って身を清めると、汚れた**垢《あか》**から二柱の神が生まれ、穢《けが》れを清める三柱の神も現れた。次に、水の底に沈んで体を清めたときに、博多湾を拠点にする**阿曇連《あずみのむらじ》**の始祖の**綿津見三神《ワタツミノサンシン》**と、**住吉大社《すみよしたいしゃ》**（⬇P158）の祭神**墨江三神《スミノエサンジン》**が生まれた。

禊《みそぎ》の最後に、左目を洗っているときに生まれたのが太陽神・**天照大御神《アマテラスオホミカミ》**、右目を洗っているときに生まれたのが月の神・**月読命《ツクヨミノミコト》**、鼻を洗っているときに生まれたのが嵐の神・**建速須佐之男命《タケハヤスサノヲノミコト》**であった。

伊耶那岐《イザナキ》は、「私は子どもを次々に生んできたが、最後に三柱の貴い子（**三貴子《さんきし》**）を得ることができた」と歓喜した。

そして、天照《アマテラス》に首に掛ける玉飾《たまかざり》を手渡しながら、「そなたは**高天の原《たかまのはら》**を治めよ」と命じた。月読《ツクヨミ》には、「そなたは**夜《よる》の食国《おすくに》**を治めよ」と命じ、須佐之男《スサノヲ》には、「そなたは**海原《うなばら》**を治めよ」と命じたのである。

Q&A なぜ月読《ツクヨミ》は姿を消した？

月の神である月読《ツクヨミ》は、このあと一切登場しない。これは、皇室系（天照《アマテラス》）神話と出雲《いずも》（須佐之男《スサノヲ》）神話の統合が古事記の目的だったためと思われる。

＊禊《みそぎ》／水で体を洗い清めて、心身を浄化する儀式。

神々の紹介

天照大御神《アマテラスオホミカミ》
太陽神で皇室の祖

月読命《ツクヨミノミコト》
月の神

建速須佐之男命《タケハヤスサノヲノミコト》
出雲《いずも》系の荒ぶる神

禊《みそぎ》から生まれた神々

1 衣類から生まれた十二柱

伊耶那岐《イザナキ》が禊《みそぎ》をするために脱ぎ捨てた衣類などから神々が誕生した。

2 垢《あか》と穢《けが》れから生まれた十一柱

垢《あか》や穢《けが》れを洗い流したときに神々が誕生した。

垢

- 八十禍津日神《ヤソマガツヒノカミ》（禍の神）
- 大禍津日神《オホマガツヒノカミ》（禍の神）

穢れ

- 神直毘神《カムナホビノカミ》（禍を直す神）
- 大直毘神《オホナホビノカミ》（禍を直す神）
- 伊豆能売《イヅノメ》（清浄な女神）

水中

- 底津綿津見神《ソコツワタツミノカミ》
- 中津綿津見神《ナカツワタツミノカミ》
- 上津綿津見神《ウヘツワタツミノカミ》

綿津見三神《ワタツミノサンシン》

- 底筒之男命《ソコツツノヲノミコト》
- 中筒之男命《ナカツツノヲノミコト》
- 上筒之男命《ウハツツノヲノミコト》

墨江三神《スミノエサンジン》

3 顔を洗うと生まれた三貴士

最後に顔を洗うと、三柱の貴い子（三貴子）が誕生した。

嘆く須佐之男《スサノヲ》が国土を震撼《しんかん》させる 須佐之男《スサノヲ》の追放

伊耶那岐《イザナキ》による須佐之男《スサノヲ》の追放

天照《アマテラス》と**月読**《ツクヨミ》は、父・**伊耶那岐**《イザナキ》の言葉に従って国を治めたが、**海原**《うなばら》を治めるように命じられた**須佐之男**《スサノヲ》は、あご髭が胸元に届くようになるまで海原を治めようとせず、**泣き叫んで**ばかりいた。その泣き方は激しく、河や海の水は須佐之男《スサノヲ》の涙となって、泣き乾《ほ》してしまうほどだった。

そこで、伊耶那岐《イザナキ》が訳をたずねると、須佐之男《スサノヲ》は、「亡き母のいる**根**《ね》**の堅州国**《かたすくに》に行きたくて泣いているのです」と答えた。怒った伊耶那岐《イザナキ》は、「それならば、この国に住んではならぬ」と言い、須佐之男《スサノヲ》を神の国から**追放**してしまった。

追い払われた須佐之男《スサノヲ》は母に会いに行くために、姉・天照《アマテラス》にお願いをしようと**高天の原**《たかまのはら》に向かったが、天に上るとき、山や河はことごとく鳴動し、国土はすべて振動した。

その音を聞いて恐れた天照《アマテラス》は、「弟が天に上ってくるのは、善良な心からではあるまい。**私の国を奪おう**としているにちがいない」と考え、髪を解いて男性のように**角髪**《みずら》に編み上げ、その左右の角髪にも、左右の手にも、頭にかぶった*****かずら**にも、**勾玉**《まがたま》を通した緒を巻きつけた。

さらに、背には千本の矢が入った**矢筒**を背負い、弓を握り締めて待ち構えた。そして、現れた須佐之男《スサノヲ》に、「どういう訳で、天に上ってきたのか」とたずねた。

Q&A 須佐之男《スサノヲ》の母とは誰か？

須佐之男《スサノヲ》は伊耶那岐《イザナキ》の鼻から生まれたので、母は存在しない。母を伊耶那美《イザナミ》と考えると、根《ね》の堅州国《かたすくに》と、黄泉《よみ》の国《くに》は同じ国を指すことになる。

＊**かずら**／蔓草《つるくさ》でつくった冠。

神々の紹介

天照大御神《アマテラスオホミカミ》
太陽神で皇室の祖

須佐之男命《スサノヲノミコト》
出雲《いずも》系の荒ぶる神

古事記ゆかりの
神社紹介

多《た》賀《が》大《たい》社《しゃ》

伊耶那岐《イザナキ》と伊耶那美《イザナミ》をまつる

創建年 不明（古事記成立以前）

所在地 滋賀県犬上郡多賀町多賀六〇四

創建は**古事記成立以前**とされ、「**お多賀さん**」の名で親しまれ、江戸時代には**伊勢《いせ》参り**と並んで、**多賀《たが》参り**が盛んに行われた。祭神の**伊耶那岐命《イザナキノミコト》**と**伊耶那美命《イザナミノミコト》**は、生命の親神であるため、古くより、**延命長寿・縁結び・厄除け**の神様として信仰を集めてきた。多賀大社の**分祀社**は全国で二三九社を数える。

◇社殿

拝殿、幣殿、本殿などの社殿は、1932年に再建されたもの。

写真提供／（公社）びわこビジターズビューロー

高天《たかま》の原《はら》に向かう須佐之男《スサノヲ》

1 追放される須佐之男《スサノヲ》

海原を統治せず、泣き叫んでばかりいた須佐之男《スサノヲ》は、伊耶那岐《イザナキ》から理由を聞かれると、「亡き母のいる根《ね》の堅州国《かたすくに》に行きたい」と答える。怒った伊耶那岐《イザナキ》は、須佐之男《スサノヲ》を追放した。

2 武装する天照《アマテラス》

須佐之男《スサノヲ》は、天照《アマテラス》にお願いをしようと高天《たかま》の原《はら》に向かったが、天照《アマテラス》は武装して待ち構えた。

須佐之男《スサノヲ》が身の潔白を示す

姉弟神の誓約《うけい》

弟の乱暴におびえた天照《アマテラス》が石屋《いわや》に籠《こ》もる

武装した姉の**天照**《アマテラス》と対峙した**須佐之男**《スサノヲ》は、「私に邪《よこしま》な心はありません。**伊耶那岐**《イザナキ》の大御神が私を追放なさったので、お別れの挨拶に参ったのです」と言った。

天照《アマテラス》から潔白を証明するように言われた須佐之男《スサノヲ》は、「*誓約《うけい》をして子を生みましょう」と提案した。

こうして天照《アマテラス》と須佐之男《スサノヲ》は、**天の安の河**《あめのやすのかわ》を挟んで、誓約《うけい》をすることになった。まず、天照《アマテラス》が須佐之男《スサノヲ》の**十拳の剣**《とつかのつるぎ》を受け取り、三つに折って噛み砕いた。すると、**多紀理毘売命**《タキリビメノミコト》など三柱の**女神**が生まれた。続いて、須佐之男《スサノヲ》が天照《アマテラス》の**勾玉**《まがたま》を噛み砕いて吹き出すと、**天忍穂耳命**《アメノオシホミミノミコト》など五柱の**男神**が生まれた。

須佐之男《スサノヲ》は、「自分の心が清いから女神を生むことができたのです。だから、誓約《うけい》は**私の勝ちだ**」と宣言すると、その勢いのまま暴れ回り、**田の畔**《あぜ》を壊したり、**神殿**に汚物を撒き散らしたりした。天照《アマテラス》は須佐之男《スサノヲ》の行為をかばおうとしたが、乱暴な振る舞いは激しさを増していった。

あるとき、須佐之男《スサノヲ》は**神衣**《しんい》を織る機織《はたおり》小屋に**血だらけの馬**を投げ込んだため、驚いた**機織り女**《はたおりめ》が怪我で亡くなった。

それを見た天照《アマテラス》は、おびえて**天の石屋**《あまのいわや》に身を隠してしまう。こうして**高天の原**《たかまのはら》も、地上の**葦原の中つ国**《あしはらのなかつくに》も、暗闇に包まれてしまった。

Q&A

須佐之男《スサノヲ》は誓約《うけい》に勝った？

姉弟神の誓約《うけい》は、「男神と女神のどちらを生んだら勝ちか」という確認がないまま行われたので、須佐之男《スサノヲ》の勝利宣言には説得力がない。

＊**誓約**《うけい》／正邪・吉凶などを判断するために神意をうかがう呪術的占い。

神々の紹介

天照大御神《アマテラスオホミカミ》
太陽神で皇室の祖

須佐之男命《スサノヲノミコト》
出雲《いずも》系の荒ぶる神

誓約《うけい》で生まれた神々

1 須佐之男《スサノヲ》が誓約《うけい》を提案

須佐之男《スサノヲ》は身の潔白を証明するため、誓約《うけい》を提案。それぞれの持ち物を交換して神生みをすることを決めた。

2 天照《アマテラス》が生んだ三柱の女神

天照《アマテラス》が須佐之男《スサノヲ》の十拳《とつか》の剣《つるぎ》を噛み砕いて吹き出すと、三柱の女神(宗像三女神《むなかたさんじょしん》)が誕生した。

宗像《むなかた》三女神《さんじょしん》

- 多紀理毘売命《タキリビメノミコト》
- 市寸島比売命《イチキシマヒメノミコト》
- 多岐都比売命《タキツヒメノミコト》

3 須佐之男《スサノヲ》が生んだ五柱の男神

須佐之男《スサノヲ》が天照《アマテラス》の勾玉を噛み砕いて吹き出すと、五柱の男神が誕生した。

五柱の男神

- 天忍穂耳命《アメノオシホミミノミコト》 (➡ P80)
- 天之菩比能命《アメノホヒノミコト》 (➡ P80)
- 天津日子根命《アマツヒコネノミコト》
- 活津日子根命《イクツヒコネノミコト》
- 熊野久須毘命《クマノクスビノミコト》

一方的に勝利を宣言した須佐之男《スサノヲ》は、高天《たかま》の原《はら》で乱暴の限りを尽くす。おびえた天照《アマテラス》は天《あま》の石屋《いわや》に身を隠す。

天《あま》の石《いわ》屋《や》

神々が協力して天照《アマテラス》を引き出す

天照《アマテラス》を引き出すため奮闘する天の神々

天照《アマテラス》が**天《あま》の石屋《いわや》**に身を隠したため、世界は暗闇に包まれた。困り果てた**八百万《やおよろず》の神々**は**天《あめ》の安《やす》の河原《かわら》**に集まり、**思金神《オモヒカネノカミ》**に相談した。

思金《オモヒカネ》は、まず**常世長鳴鳥《トコヨノナガナキドリ》**を集めて鳴かせた。次に、**伊斯許理度売命《イシコリドメノミコト》**に**鏡**（**八咫《やた》の鏡《かがみ》**）をつくらせ、**玉祖命《タマノオヤノミコト》**に**勾玉《まがたま》**（**八尺瓊《やさかに》の勾玉《まがたま》**）を緒に貫いた**玉飾《たまかざり》**をつくらせた。

一方で、**天児屋命《アメノコヤネノミコト》**と**布刀玉命《フトダマノミコト》**に占いをさせて神意をたずね、さらに、**天香具山《あまのかぐやま》**に生える**榊《さかき》**の木を掘り起こし、それに玉飾をつけ、八咫《やた》の鏡《かがみ》を掛けた。この飾り立てた榊を布刀玉《フトダマ》が捧げもち、天児屋《アメノコヤネ》が石屋の前で***祝詞《のりと》**を奏上した。

そして、力自慢の**天手力男命《アメノタヂカラヲノミコト》**は、石屋の脇に隠れて立ち、**天宇受売命《アメノウズメノミコト》**が胸をあらわにして踊り狂った。それを見た八百万《やおよろず》の神々は声を上げていっせいに**笑った**。

外の大騒ぎが気になった天照《アマテラス》は、石屋の戸を少し開けて、「私が石屋に隠れたので世界は暗く、ひっそりしたと思っていたのに、なぜ天宇受《アメノウズ》売《メ》は踊り、神々は笑っているのか」と聞いた。

鏡に映った自分を見ようとした天照《アマテラス》

天宇受売《アメノウズメ》は天照《アマテラス》に「**あなた様よりも貴い神様**が現れたので、喜んで踊っているのです」と答え、その隙に、天児屋《アメノコヤネ》と布刀玉《フトダマ》が**八咫《やた》の鏡《かがみ》**を差し出した。天照《アマテラス》は鏡に映った自身の姿を新しい神と勘違いし、もっと見ようと身を乗り出す。

そのとき天手力男《アメノタヂカラヲ》が石屋の戸を開けて、天照《アマテラス》を引き出した。

布刀玉《フトダマ》は天照《アマテラス》の後ろに**注連縄《しめなわ》**を張りめぐらせ、「この縄から内には入れません」と言った。

＊**祝詞《のりと》**／神に奏上するときに用いる神聖な言葉。

神々の紹介

思金神《オモヒカネノカミ》
高御産巣日《タカミムスヒ》の子で知恵神

天手力男命《アメノタヂカラヲノミコト》
手の力が強い剛力の神

天宇受売命《アメノウズメノミコト》
芸能を司る女神

天《あま》の石屋《いわや》の前に集まった神々

天宇受売《アメノウズメ》は神懸《かみが》かり状態で、胸もあらわにして踊り狂ったため、八百万の神々は笑い転げた。

写真提供／高千穂町観光協会

天安《あめのやすの》河原《かわら》（宮崎県高千穂町）

八百万の神々が集まり、天照《アマテラス》を石屋から出す相談をした場所と伝えられる。

Q&A

天《あま》の石屋《いわや》神話は冬至儀礼が起源？

古代の朝廷では、日照時間が最も短くなる冬至の時期に、魂（生命）を活性化させる目的で、鎮魂祭《みたまふりのまつり》が行われていた。この儀礼が天《あま》の石屋《いわや》神話の起源となっているとされる。

神々の紹介

天照大御神《アマテラスオホミカミ》

別名
大日孁貴神《オホヒルメノムチノカミ》、大日女尊《オホヒルメノミコト》、大日霊《オホヒルメ》

父神
伊耶那岐命《イザナキノミコト》

太陽神・皇祖神として信仰される

天照大御神《アマテラスオホミカミ》は**黄泉の国《よみのくに》**から戻った**伊耶那岐《イザナキ》**が禊《みそぎ》をしたとき、左目から誕生した。天照《アマテラス》を最も貴い子とした伊耶那岐《イザナキ》は自分の**首飾り**を外して天《アマ》照《テラス》に与え、**高天の原《たかまのはら》**の統治を託した。

しかし、伊耶那岐《イザナキ》の鼻から生まれた**須佐之男《スサノヲ》**が**高天の原《たかまのはら》**に上ってきて乱暴を繰り返したため、天照《アマテラス》は**天の《あまの》石屋《いわや》**にこもり、世界は闇に閉ざされる。そこで、**八百万《やおよろず》の神々**が石屋《いわや》の前で踊り騒ぎ、その騒ぎを見ようとして石屋《いわや》を少し開けた天照《アマテラス》は、外に引きずり出されてしまう。

古事記において、天照《アマテラス》は**太陽神**として描かれている。石屋《いわや》神話は、**太陽の復活・再生**を意味すると考えられ、天照《アマテラス》が**最高神**であることを示す物語になっているのである。

また、天照《アマテラス》は孫の**邇邇芸《ニニギ》**に地上の統治を命じるが、これは、四十一代**持統《じとう》天皇**（天武《てんむ》天皇の妻）が、孫の**文武《もんむ》天皇**に譲位したことが反映されていると考えられる。

天照《アマテラス》は地上へ向かう邇邇芸《ニニギ》に、三種の神器のひとつである**八咫《やた》の鏡《かがみ》**を授け、「この鏡を、私の魂だと思っ

石屋から出る天照大御神《アマテラスオホミカミ》

石屋にこもった天照大御神《アマテラスオホミカミ》は、天宇受売《アメノウズメ》の舞楽を見ようと岩戸をそっと開けたところ、隠れていた天手力男《アメノタヂカラヲ》に手を取られて引きずり出された。

「大日本名将鑑
天照大神」
（山口県立萩美術館・
浦上記念館所蔵）

天照大御神をまつる神社

- 伊勢神宮（三重県伊勢市）（➡P52）
- 天岩戸神社（宮崎県高千穂町）
- 廣田神社（兵庫県西宮市）
- 熱田神宮（愛知県名古屋市）（➡P147）
- 東京大神宮（東京都千代田区）
- 芝大神宮（東京都港区）
- 日前《ひのくま》神宮・國懸《くにかかす》神宮（和歌山県和歌山市）

てまつりなさい」と命じる。
こうして八咫《やた》の鏡《かがみ》は、宮中でまつられてきたが、日本書紀によると、10代**崇神《すじん》天皇**（⬇P124）は、「天皇の寝所と同じ場所にまつるのは畏《おそ》れ多い」として、皇女の**倭《ヤマト》比《ヒ》売《メ》**（⬇P140）に神鏡をまつるのにふさわしい場所を探索させた。そして選ばれたのが、現在の**伊勢《いせ》神宮・内宮《ないくう》**（三重県伊勢市）であった。

天皇家の**祖先神**（**皇祖神**）である天照《アマテラス》は、皇室《こうしつ》から特別に崇敬されてきたが、中世以降、庶民からも信仰されるようになっていく。そして、江戸時代には**伊勢信仰**が爆発的に広まり、60年周期で**お蔭参《かげまい》り**と呼ばれる熱狂的な集団参拝も流行した。

さらに、天照《アマテラス》を**勧請《かんじょう》**（分霊して神をほかの神社の神としてまつること）する動きも広まり、**神明宮《しんめいぐう》**や**神明《しんめい》社《しゃ》**、**皇大《こうたい》神社**などと呼ばれる神社が日本各地で創建されていった。その数は、全国で1万8000社にものぼるといわれている。

武装する天照大御神《アマテラスオホミカミ》

弟の須佐之男《スサノヲ》が高天《たかま》の原《はら》を奪いにきたと思った天照《アマテラス》は、男性の髪型にして武装し、天《あめ》の安《やす》の河《かわ》で待ち受けた。

「天照大神と須佐之男命」松本楓湖画（広島県立美術館所蔵）

古事記ゆかりの
神社紹介

伊《い》勢《せ》神《じん》宮《ぐう》

天照大御神《アマテラスオオミカミ》まつる

創建年
垂仁《すいにん》天皇二六年（内宮）
雄略《ゆうりゃく》天皇二二年（外宮）

所在地
三重県伊勢市宇治館町一（内宮）
三重県伊勢市豊川町二七九（外宮）

写真提供／神宮司庁

◇皇大神宮《こうたいじんぐう》（内宮《ないくう》）正宮《しょうぐう》

天照大御神《アマテラスオオミカミ》をまつる正殿は、唯一神明造《ゆいいつしんめいづくり》という日本最古の神社建築様式。四重の垣根に囲まれる。

写真提供／神宮司庁

◇宇治橋鳥居《うじばしとりい》

五十鈴川《いすずがわ》にかかる宇治橋《うじばし》の両端に立つ鳥居。宇治橋《うじばし》と鳥居は平成25年の式年遷宮にあたり、建て替えられた。

一般に**伊勢神宮**と呼ばれるが、正式名称は**神宮**《じんぐう》。神宮は**皇大神宮**《こうたいじんぐう》（**内宮**《ないくう》）と**豊受大神宮**《とようけだいじんぐう》（**外宮**《げくう》）からなる。**天照大御神**《アマテラスオオミカミ》をまつる内宮は、**垂仁**《すいにん》**天皇**（➡P128）の皇女・**倭姫命**《ヤマトヒメノミコト》が、**八咫**《やた》**の鏡**《かがみ》を伊勢にまつったのがはじまりという。その後、**雄略**《ゆうりゃく》**天皇**（➡P174）が夢の中で天照大御神《アマテラスオオミカミ》から**御饌**《みけ》（食事）を求められ、食物の神・**豊受大御神**《トヨウケノオオミカミ》を迎えたのが、外宮の創始とされる。

神宮の祭事は、毎年定められた日時に行われる**恒例祭**《こうれいさい》と、皇室や国家に重大事があった際に臨時に行われる**臨時祭**《りんじさい》に分けられる。恒例祭には**神嘗祭**《かんなめさい》や**月次祭**《つきなみさい》、**新嘗祭**《にいなめさい》などがある。また神宮では、定期的に**社殿**をつくり替えて御神体を遷《うつ》す**式年遷宮**《しきねんせんぐう》が、二十年に一度、古代から現在に至るまで続けられてきた。

「皇大神宮奉祀」(神宮徴古館所蔵)

◇天照大御神《アマテラスオオミカミ》**をまつる倭姫命**《ヤマトヒメノミコト》

倭姫命《ヤマトヒメノミコト》(倭比売命《ヤマトヒメノミコト》)(➡P140)は、伊勢の五十鈴川《いすずがわ》の川上に祠《やしろ》を建てて天照大御神《アマテラスオオミカミ》をまつった。これが、伊勢神宮の起源とされる。

写真提供/神宮司庁

◇豊受大神宮《とようけだいじんぐう》**(外宮**《げくう》**)正宮**《しょうぐう》

唯一神明造《ゆいいつしんめいづくり》による外宮《げくう》の正殿《しょうでん》には、御饌《みけ》(食事)を司る豊受大御神《トヨウケノオオミカミ》がまつられる。

上巻09

須佐之男《スサノヲ》が五穀の種をもたらす 五穀の誕生

須佐之男《スサノヲ》に殺された女神から五穀が誕生

天照《アマテラス》が天《あま》の石屋《いわや》から姿を現したため、高天《たかま》の原《はら》も、地上の葦原《あしはら》の中《なか》つ国《くに》も、自然に太陽が明るく照り輝くようになった。

そこで、八百万《やおよろず》の神々は相談して、この事件を引き起こした須佐之男《スサノヲ》に処罰を与えることにした。

こうして、須佐之男《スサノヲ》は数多くの償いの品物を科せられ、また、伸びた鬚《ひげ》と手足の爪を切られ、高天《たかま》の原《はら》から追放されてしまった。

追放された須佐之男《スサノヲ》は、その道中で、食物を大宜都比売神《オホゲツヒメノカミ》に要求した。そこで大宜都比売《オホゲツヒメ》は、鼻や口、尻などから食物を取り出して調理し、須佐之男《スサノヲ》をもてなそうとしたが、その様子をのぞき見ていた須佐之男《スサノヲ》は、「わざと食物を穢《けが》してつくっている」と思って怒り、すぐさま大宜都比売《オホゲツヒメ》を殺してしまった。

すると、大宜都比売《オホゲツヒメ》の亡骸《なきがら》の頭《かしら》には＊蚕《かいこ》が生まれ、二つの目には稲の種（種籾《たねもみ》）が生まれ、二つの耳には粟《あわ》が生まれ、鼻には小豆《あずき》が生まれ、陰部には麦が生まれ、尻には大豆《まめ》が生まれた。

それを高天《たかま》の原《はら》から見ていた神産《カム》巣日《スヒ》（⬇P34）は、これらを須佐之男《スサノヲ》に取らせて実のなる種とし、改めて須佐之男《スサノヲ》に授けた。こうして、五穀の種は、須佐之男《スサノヲ》によって地上にもたらされたのである。

Q&A 大宜都比売《オホゲツヒメ》はなぜ殺された？

大宜都比売《オホゲツヒメ》の殺害は、穀物を収穫する際、鎌で刈り取ることを象徴していると思われる。また、大宜都比売《オホゲツヒメ》は縄文時代の採集を象徴し、その死は農耕の開始を表すとも考えられる。

＊蚕《かいこ》／養蚕は、古代において穀物栽培と並ぶ重要な産業だった。

神々の紹介

須佐之男命《スサノヲノミコト》
出雲《いずも》系の荒ぶる神

大宜都比売神《オホゲツヒメノカミ》
食物を司る女神

大宜都比売《オホゲツヒメ》から生まれた五穀

1 追放される須佐之男《スサノヲ》

天《あま》の石屋《いわや》事件の責任を問われた須佐之男《スサノヲ》は、鬚《ひげ》と手足の爪を切られて高天《たかま》の原《はら》から追放された。

2 大宜都比売《オホゲツヒメ》を殺害

須佐之男《スサノヲ》は大宜都比売《オホゲツヒメ》のもとを訪れて食物を求めたが、口や鼻、尻から食物を出されたので、怒って大宜都比売《オホゲツヒメ》を殺した。

3 大宜都比売《オホゲツヒメ》から生まれた五穀

大宜都比売《オホゲツヒメ》の亡骸の各部から稲や粟、麦などの五穀が生まれた。神産巣日《カムムスヒ》は、これらを集めて種とし、須佐之男《スサノヲ》に授けた。こうして五穀の種は、須佐之男《スサノヲ》によって地上にもたらされることになった。

上巻 10

須佐之男《スサノヲ》が英雄的な活躍をする

八俣《ヤマタ》の大蛇《ヲロチ》

大蛇《ヲロチ》を退治して櫛名田比売《クシナダヒメ》を救う

出雲《いずも》（島根県）の**肥**《ひ》**の河**《かわ》の上流にある**鳥髪**《とりかみ》に降り立った**須佐之男**《スサノヲ》は、箸が流れてきた川の上流を目指して歩くと、人家を見つけた。しかし、家に住む**老夫婦**と娘は泣いていた。

老人は「私は**足名椎**《アシナヅチ》、妻は**手名椎**《テナヅチ》、娘は**櫛名田比売**《クシナダヒメ》といいます」と名乗った。

老夫婦には八人の娘がいたが、毎年**八俣**《ヤマタ》**の大蛇**《ヲロチ》がひとりずつ娘を食べ、今年は最後となった櫛名田比売《クシナダヒメ》も大蛇《ヲロチ》に食べられてしまうという。

八俣《ヤマタ》の大蛇《ヲロチ》は、頭と尾が八つあり、目は**酸漿**《ほおずき》のように赤く、巨大な体には檜《ひのき》や杉が生え、その長さは**谷八つ山八つ**に及び、腹は**血**に爛《ただ》れていた。

須佐之男《スサノヲ》は「自分は天から降りてきた神である。八俣《ヤマタ》の大蛇《ヲロチ》を倒したら櫛名田比売《クシナダヒメ》を妻としてもらい受けたい」と申し出た。須佐之男《スサノヲ》は櫛名田比売《クシナダヒメ》の姿を櫛に変えて自分の髪に挿《さ》し、さらに、強い酒の入った＊**酒槽**《さかぶね》を用意させて待ち構えた。

現れた八俣《ヤマタ》の大蛇《ヲロチ》は、酒槽に頭を入れて酒を飲み、**酔いつぶれて**寝てしまった。須佐之男《スサノヲ》は**十拳**《とつか》**の剣**《つるぎ》を抜くと、大蛇《ヲロチ》を切り刻んでいき、その血で**肥**《ひ》**の河**《かわ》（斐伊川《ひいかわ》）は赤く染まった。

このとき大蛇《ヲロチ》の尾から立派な大刀《たち》が現れたので天照《アマテラス》に献上した。これが**草薙**《くさなぎ》**の剣**《つるぎ》（➡P144）である。

こうして須佐之男《スサノヲ》は櫛名田比売《クシナダヒメ》と結婚し、**須賀**《すが》の地に宮殿を築いた。

Q&A 八俣《ヤマタ》の大蛇《ヲロチ》は何を表している？

八俣《ヤマタ》の大蛇《ヲロチ》は、日本神話に登場する生物としては異例に巨大である。このため大蛇《ヲロチ》は、出雲《いずも》平野を蛇行して流れる斐伊川を象徴していると考えられる。

＊**酒槽**《さかぶね》／酒を入れる桶。

神々の紹介

須佐之男命《スサノヲノミコト》
出雲《いずも》系の荒ぶる神

櫛名田比売《クシナダヒメ》
稲田の女神

八俣《ヤマタ》の大蛇《ヲロチ》

須佐之男《スサノヲ》の大蛇《ヲロチ》退治

須佐之男《スサノヲ》は、櫛名田比売《クシナダヒメ》を食べるために襲ってきた八俣《ヤマタ》の大蛇《ヲロチ》に強い酒を飲ませて酔いつぶした後、十拳《とつか》の剣《つるぎ》で切り刻んだ。尾を切ると、大刀《たち》(草薙《くさなぎ》の剣《つるぎ》)が出てきたので、天照《アマテラス》に献上した。

古事記ゆかりの神社紹介

須《す》我《が》神《じん》社《じゃ》

須佐之男命《スサノヲノミコト》をまつる

創建年 不明（神代）

所在地 島根県雲南市大東町須賀二六〇

古事記によると、大蛇《ヲロチ》を退治した**須佐之男**《スサノヲ》が、この地に来たとき、「気分がすがすがしくなった」と述べ、宮殿を築いたという。そのため、この地は「**須賀**《すが》」と呼ばれ、日本初の宮殿は「**日本初之宮**」と呼ばれた。須我神社は、この宮殿が発祥とされ、須佐之男《スサノヲ》と**櫛名**《クシナ》**田比売**《ダヒメ》、その子・**清之湯山主三名狭漏彦八島野命**《スガノユヤマヌシミナサルヒコヤシマノミコト》がまつられている。

◆本殿

建築様式は古代より伝わる大社造《たいしゃづくり》。

◆夫婦岩《めおといわ》

須佐之男《スサノヲ》と櫛名田比売《クシナダヒメ》の神霊が鎮座する。

写真提供／島根県観光写真ギャラリー

須佐之男命《スサノヲノミコト》

別名　建速須佐之男命《タケハヤスサノヲノミコト》、素戔男尊《スサノヲノミコト》、素戔嗚尊《スサノヲノミコト》

父神　伊耶那岐命《イザナキノミコト》

めまぐるしく世界を移動して暴れ回る

禊《みそぎ》をする**伊耶那岐**《イザナキ》の左目から**天照**《アマテラス》が生まれたとき、鼻から誕生したのが**須佐之男命**《スサノヲノミコト》である。「母が恋しい」と泣き叫んで**海原**《うなばら》を追放され、**高天**《たかま》**の原**《はら》に上るとき、天地は鳴動したと記されており、須佐之男《スサノヲ》が**暴風雨の神**であることがわかる。

高天《たかま》の原《はら》では、天照《アマテラス》と**誓約**《うけい》を行って一方的に勝利を宣言し、乱暴を繰り返し、**天**《あま》**の石屋**《いわや》**事件**を引き起こす。その責任を取らされた須佐之男《スサノヲ》は、**高天**《たかま》**の原**《はら》から追放され、地上に降りることになった。その途中、須佐之男《スサノヲ》は**大宜都比売**《オホゲツヒメ》（➡P54）を殺害し、**五穀**の種を手に入れ、**出雲**《いずも》（島根県）に降り立つ。

天上では**荒ぶる神**であった須佐之男《スサノヲ》は、**櫛名田比売**《クシナダヒメ》を救うために**八俣**《ヤマタ》**の大蛇**《ヲロチ》を退治する**英雄神**となる。

そして、須佐之男《スサノヲ》は櫛名田比売《クシナダヒメ》と結婚する。櫛名田《クシナダ》の原義は、「クシ（霊妙な）イナダ（稲田）」であり、つまり**稲作の女神**である。**稲の種**を持つ須佐之男《スサノヲ》と結婚することで、地上に農耕と繁栄がもたらされたのである。

その後、須佐之男《スサノヲ》は、**根**《ね》**の堅州国**《かたすくに》

須佐之男命をまつる神社

- ◇須我神社（島根県雲南市）（➡P57）
- ◇須佐神社（島根県出雲市）
- ◇八重垣神社（島根県松江市）
- ◇八坂神社（京都府京都市）
- ◇津島神社（愛知県津島市）
- ◇氷川神社（埼玉県さいたま市）
- ◇廣峯神社（兵庫県姫路市）

石見《いわみ》**神楽**

石見地方（島根県西部）に伝わる伝統芸能「石見神楽」で演じられる「大蛇《ヲロチ》」。須佐之男《スサノヲ》が、激しく暴れ回る八俣《ヤマタ》の大蛇《ヲロチ》と対決する。

写真提供／島根県観光写真ギャラリー

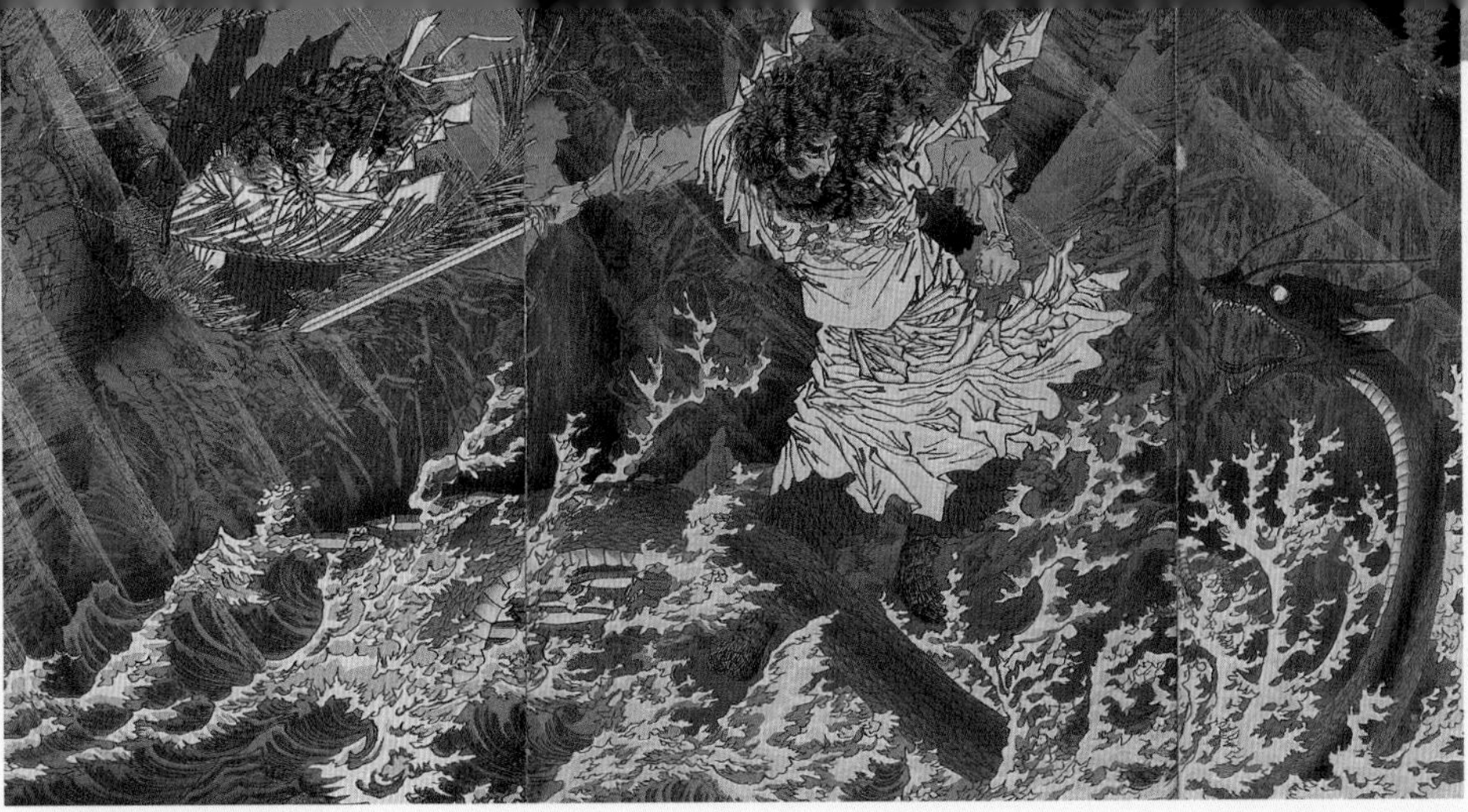

八俣《ヤマタ》の大蛇《ヲロチ》と戦う須佐之男《スサノヲ》

櫛名田比売《クシナダヒメ》を守りながら、十拳《とつか》の剣《つるぎ》で八俣《ヤマタ》の大蛇《ヲロチ》を退治する須佐之男《スサノヲ》を描いている。

島根県教育委員会所蔵／島根県立古代出雲歴史博物館写真提供

に移り住む。そして、地上から逃れてきた自分の子孫・**大穴牟遅《オホナムヂ》**（⬇P74）と会う。このとき須佐之男《スサノヲ》は、大穴牟遅《オホナムヂ》に数々の試練を与え、それを乗り越えたとき、**大国主神《オホクニヌシノカミ》**の名を授ける。

このように、**天上**、**地上**、**地下**と世界をめぐるしく移り、**無邪気**に暴れ回る須佐之男《スサノヲ》は、古事記に登場する神々のなかでも特殊な存在であり、大和《やまと》（奈良県）と対立する出雲《いずも》を象徴する神だといえる。

やがて須佐之男《スサノヲ》は、**神仏習合《しんぶつしゅうごう》**によって、**祇園精舎《ぎおんしょうじゃ》**を守護する**牛頭天王《ごずてんのう》**と同一視され、**祇園神《ぎおんしん》**、**祇園大明神《ぎおんだいみょうじん》**とも呼ばれた。

須佐之男《スサノヲ》も牛頭天王《ごずてんのう》も、**祟り神《たたがみ》**として畏怖《いふ》されたが、災厄をしずめる力を発揮すると信じられた。九世紀の京都で、疫病をしずめるため、祇園神をまつったのが、**八坂《やさか》神社**（京都市）の**祇園祭《ぎおんまつり》**の起源である。そのほか、須佐之男《スサノヲ》をまつる神社《じんじゃ》が全国各地に創建され、いずれも**厄除け**のご利益で信仰を集めている。

牛頭天王《ごずてんのう》

釈迦が説法を行った祇園精舎を守るため、祇園大明神とも呼ばれる。須佐之男《スサノヲ》と同一視され、厄除けの神として信じられる。

国立国会図書館所蔵

稲羽《いなば》の素兎《しろうさぎ》
櫛名田比売《クシナダヒメ》を妻にした須佐之男《スサノヲ》は出雲《いずも》に宮殿を築き多くの神を生み、その子孫を残した。
その子孫に大穴牟遅神《オホナムヂノカミ》という神がいた。
大穴牟遅《オホナムヂ》！遅いぞ！
はぁ
ならもう少しゆっくり歩いてくださいよ…
はぁ
馬鹿を言うな！八上比売《ヤガミヒメ》がほかの男に取られたらどうする！
まあいい八上比売《ヤガミヒメ》はお前など夫に選ばない
後からゆっくりおれたちの荷物を持ってこい
はい…
大穴牟遅《オホナムヂ》はこの日、兄たちが求婚するため稲羽《いなば》（鳥取県）に同行させられていた。
はぁ

とぼ
とぼ
はぁ〜〜
すっかり置いて行かれたな…
ううううう…
!
どうした兎！毛皮を剥《は》がされたのか!?
話せば長いことながら…
ことのはじめは淤岐島《おきのしま》からこの稲羽《いなば》に渡ろうと悪だくみしたせいなのです…
おおーいそこのワニさんよ
なんだ
君たち一族と私たちとどちらが多いか比べないか？
ワニ一族を集めて向こう岸まで並んでくれたら数えてあげるよ

ぴょーん
ワニはまんまとだまされて私は海を渡ることができたのですが…
よーし到着！ご苦労様～
おのれ
海を渡りたかっただけだな！
許さぬ！
それで皮を剝《は》がされてしまいました。
さらには…
先ほど通った若き神々に海水をかけると楽になると嘘を教えられ…
そのせいで痛みがさらにひどいことに…

ザァァァ
それは私の兄たちだ
悪かったな 私が治してやろう
お願いします
ううう…
川の水で痛みが楽になったであろう?
はい おかげでよくなりました
お礼と言ってはなんですが…
あなたにだけお教えします
兄君たちの求婚は失敗しますよ
フンッ
なぜ求婚のことを?
実は私は神の使いの兎ですから
お見通しです
稲羽《いなば》の姫が選ぶのは大穴牟遅神《オホナムヂノカミ》!
あなたですよ!
兎の予言は的中し大穴牟遅《オホナムヂ》は兄たちから命を狙われることになった。

大国主《オホクニヌシ》の国譲《くにゆず》り
大穴牟遅《オホナムヂ》は兄たちを倒して大国主神《オホクニヌシノカミ》となり、国造りを進めた。しかしその支配が永遠に続くことはなかった。
ヒュ
父上あれを!
大国主神《オホクニヌシノカミ》
ズシャッ
ズドッ!!
天照《アマテラス》様の…
私は建御雷神《タケミカヅチノカミ》
天照大御神《アマテラスオホミカミ》の命により大国主神《オホクニヌシノカミ》にお言葉を伝えに参った
この地は元来天照大御神《アマテラスオホミカミ》の子孫が治めるべき譲り渡すべきとの仰せである

…そうか
天照大御神《アマテラスオホミカミ》のご命令では仕方ない
ふたりの子に異論がなければおとなしく譲り渡そう
大国主《オホクニヌシ》の子
建御名方神《タケミナカタノカミ》
わっ…私は父上が譲るなら従います
大国主《オホクニヌシ》の子
事代主神《コトシロヌシノカミ》
おれは納得できぬ！
この国がほしければ戦って力づくで奪ってみろ！
よかろう
いくぞ！

腕が剣に！
まだだ！

ジャキーン
まだやるか？
次は手加減せぬぞ
く…
…おれの負けだ
建御雷神《タケミカツチノカミ》…勝負はついた
この国は天照大御神《アマテラスオホミカミ》にお譲りしよう
ザッ
ただひとつ…私の最後の願いを聞いていただきたい
私をまつる立派な宮殿を、この地に築いてくれぬか
それで私も心置きなくこの国をお譲りできる
大国主《オホクニヌシ》の願いは聞き届けられ、出雲《いずも》に宮殿が築かれた。これが現在の出雲大社《いづもおおやしろ》の起源とされる。

天孫降臨《てんそんこうりん》
天照大御神《アマテラスオホミカミ》は地上の統治のため孫の邇邇芸命《ニニギノミコト》を派遣することにした。
邇邇芸命《ニニギノミコト》
そなたにこの三種の神器を与えます
八尺瓊《やさかに》の勾玉《まがたま》
八咫《やた》の鏡《かがみ》
草薙《くさなぎ》の剣《つるぎ》
この神器を私だと思って守り地上を治めなさい
はい！
天手力男命《アメノタヂカラヲノミコト》
邇邇芸命《ニニギノミコト》
思金神《オモヒカネノカミ》

こうして
瓊《ニ》瓊《ニ》芸《ギ》は
三種の神器と
天《アメノ》手《タ》力《ヂカラ》男《ヲ》や思金《オモヒカネ》など
多くのお伴《とも》を引き連れ
日向《ひむか》の高千穂《たかちほ》の霊峰に
降り立ったのである。

稲羽《いなば》の素兎《しろうさぎ》

大穴牟遅《オホナムヂ》が丸裸にされた兎を治療する

治療を受けた兎が大穴牟遅《オホナムヂ》に予言する

須佐之男《スサノヲ》の六世の孫・**大穴牟遅神《オホナムヂノカミ》**には、**八十神《ヤソガミ》**と呼ばれる多くの兄弟がいた。この八十神は、**八上比売《ヤガミヒメ》**に求婚するために**稲羽《いなば》**（鳥取県）に向かい、大穴牟遅《オホナムヂ》に荷物を入れた**袋**を持たせ、同行させていた。

その途中、**気多の岬《けたのみさき》**で皮を剥《は》がされた**丸裸の兎**が倒れていた。八十神は、兎に、「**海水**で体を洗い、**風**に当てればよくなる」と教え、兎はそのとおりにしたが、痛くて泣きだした。

そこへ大穴牟遅《オホナムヂ》がやってきて、「どうして泣いているのだ」と、兎に訳をたずねると次のように答えた。

「私は*淤岐島《おきのしま》にいて、ここに渡りたかったけれど、自分の力では渡れません。そこで、***ワニ**（**鮫**）を利用しようと考え、『私の兎族とおまえのワニ族のどちらが多いか数えるから淤岐島《おきのしま》から気多《けた》まですべてのワニを並ばせよ。私がその上を踏んで数えよう』と言い、並ばせたワニの上を渡っていったが、最後に『**君たちは私にだまされていたんだ**』と、つい言ってしまったため、ワニに捕まり、皮を剥《は》がされてしまったのです」。

大穴牟遅《オホナムヂ》から、「**真水**で体を洗い、**蒲《がま》の穂**を敷き詰めた上に寝転がればよい」と教えられた兎は、そのとおりにすると回復。喜んだ兎は、「**八上比売《ヤガミヒメ》**を娶《めと》られるのはあなた様です」と予言した。この***素兎《しろうさぎ》**は兎神《ウサギガミ》だったのである。

Q&A 大穴牟遅《オホナムヂ》は医療の神だった？

兎を治療した神話は、大穴牟遅《オホナムヂ》が医療の神として信仰されていたことを物語っている。古代、医療技術者は崇拝され、王の資格があるとされた。

神々の紹介

大穴牟遅神《オホナムヂノカミ》
大地の主神。大国主神《オホクニヌシノカミ》

八十神《ヤソガミ》
大穴牟遅《オホナムヂ》の兄弟神

＊**淤岐島《おきのしま》**／隠岐島と思われる。
＊**ワニ**／ワニザメのこと。サメ類はワニと呼ばれた。

兎を救った大穴牟遅《オホナムヂ》

1 ワニを並ばせる兎

淤岐島《おきのしま》から稲羽《いなば》に渡ろうとした兎は、「数くらべをしよう」と、ワニ(鮫)をだまして並ばせ、その背を踏んで海を渡っていった。

2 皮を剝《は》がされる兎

兎は海を渡り切る寸前、自らの企みを思わず暴露してしまい、最後に並んでいたワニに捕まり、体から毛皮を剝《は》がされた。

3 兎をだます八十神《ヤソガミ》

八十神は、海岸で泣く兎を見て、「海水を浴びて、風で乾かすと治る」と嘘を教える。そうした兎は、皮膚が裂け、激痛に襲われる。

4 兎を救う大穴牟遅《オホナムヂ》

大穴牟遅《オホナムヂ》は泣き叫ぶ兎から、その訳を聞き、治療法を教える。兎がそのとおりにすると回復した。

＊**素兎**《しろうさぎ》／白い兎。「素」には「白」という意味がある。

上巻 12

兄弟の八十神《ヤソガミ》に二度までも殺される

大穴牟遅《オホナムヂ》の死

八十神《ヤソガミ》は振られた恨みで殺害を実行

八上比売《ヤガミヒメ》は**八十神《ヤソガミ》**（➡P70）の求婚を断り、「**大穴牟遅神《オホナムヂノカミ》**と結婚します」と宣言。八十神《ヤソガミ》は怒って、大穴牟遅《オホナムヂ》を殺そうと話し合った。

八十神《ヤソガミ》は伯耆《ほうき》（鳥取県）の手間山《てまのやま》の麓にさしかかったとき、大穴牟遅《オホナムヂ》を呼び出し、「この山にいる大きな*赤い猪**を我々が上から追い出すからお前は下で待ち受けろ」と命じ、猪に似た形の岩を真っ赤になるまで焼いて突き落とした。大石を受け止めた大穴牟遅《オホナムヂ》は大火傷を負って死んでしまう。

これを悲しんだ大穴牟遅《オホナムヂ》の母神は、高天の原《たかまのはら》の**神産巣日《カムムスヒ》**に泣きついた。神産巣日《カムムスヒ》が貝の女神である**𧏛貝比売《キサガヒヒメ》**と**蛤貝比売《ウムガヒヒメ》**を差し向けると、女神たちの秘薬で大穴牟遅《オホナムヂ》は生き返った。

しかし、大穴牟遅《オホナムヂ》は再び八十神《ヤソガミ》にだまされ、今度は大木を切り裂いた隙間ではさみ殺されてしまう。

大穴牟遅《オホナムヂ》を再び生き返らせた母神は、「おまえは八十神《ヤソガミ》に憎まれているから、ここにいれば、いずれ本当に殺されてしまう」と言い、大穴牟遅《オホナムヂ》を**木《き》の国《くに》**（和歌山県）の**大屋毘古神《オホヤビコノカミ》**のもとに逃がした。

八十神《ヤソガミ》は、木の国まで追いかけてきたが、大屋毘古《オホヤビコ》は、大穴牟遅《オホナムヂ》をこっそりと逃がし、「**須佐之男《スサノヲ》**のいる**根《ね》の堅州国《かたすくに》**に向かいなさい。須佐之男命《スサノヲノミコト》がよい方法を考えてくださるでしょう」と助言した。

Q&A

なぜ出雲《いずも》から木の国へ逃げた？

古代では出雲と木の国（紀伊国《きいのくに》）は船による交流が盛んであったと考えられる。また、木の国は根《ね》の堅州国《かたすくに》につながる場所だと思われていた。

神々の紹介

𧏛貝比売《キサガヒヒメ》

赤貝を神格化した女神

蛤貝比売《ウムガヒヒメ》

蛤を神格化した女神

＊**赤い猪**／猪を山から追い落とすのは古代の狩猟方法と考えられる。

二度殺された大穴牟遅《オホナムチ》

一度目

1 焼けた大石で火傷を負う

手間山の麓で、八十神《ヤソガミ》は大穴牟遅《オホナムチ》に、「この山に赤い猪がいる。我々が山の上から追い落とすから下で捕らえろ」と命令する。八十神は、猪の形に似た大石を真っ赤になるまで焼き、山の上から落とした。大穴牟遅《オホナムチ》は、全身に火傷を負って死ぬ。

2 貝の女神が生き返らせる

大穴牟遅《オホナムチ》の死を悲しむ母神に泣きつかれた神産巣日《カムムスヒ》は、ふたりの貝の女神𧏛貝比売《キサガヒヒメ》・蛤貝比売《ウムガヒヒメ》を送った。女神たちは、秘薬によって大穴牟遅《オホナムチ》を生き返らせた。

二度目

1 大木に挟まれ殺される

八十神《ヤソガミ》は、切り倒した大木の割れ目に楔を打ち込み、そこに大穴牟遅《オホナムチ》を押し込めた後、楔を引き抜いて挟み殺した。

2 母神が木の国へ逃がす

母神は木に挟まれた大穴牟遅《オホナムチ》を生き返らせた後、木の国の大屋毘古神《オホヤビコノカミ》のもとに逃がす。

3 大屋毘古《オホヤビコ》に救われる

大屋毘古《オホヤビコ》は、八十神《ヤソガミ》に追われる大穴《オホナ》牟遅《ムチ》を木の俣に空いた穴からこっそり逃がし、「須佐之男《スサノヲ》のいる根《ね》の堅《かた》州国《すくに》に向かいなさい」と言う。

須佐之男《スサノヲ》が与えた数々の試練
根《ね》の国《くに》の冒《ぼう》険《けん》

須佐之男《スサノヲ》の試練を切り抜ける

須佐之男《スサノヲ》の娘・**須勢理毘売《スセリビメ》**は、**根《ね》の堅州国《かたすくに》**に逃げ込んだ**大穴牟遅《オホナムヂ》**と出会うと恋に落ち、「立派な神がいらっしゃいました」と、父に紹介した。

しかし、須佐之男《スサノヲ》は大穴牟遅《オホナムヂ》にさまざまな**試練**を与えた。まず、**蛇**のいる部屋へ入れ、翌日は、**ムカデ**と**蜂**のいる部屋へ入れた。

危機を迎えた大穴牟遅《オホナムヂ》だったが、須勢理毘売《スセリビメ》から渡された**布**を使って追い払うことができた。

さらに、須佐之男《スサノヲ》は野原に**矢**を放ち、大穴牟遅《オホナムヂ》に拾ってくるように命じ、探しに行ったところで野原に**火**をつけた。このとき大穴牟遅《オホナムヂ》は、**鼠**《ねずみ》が教えてくれた**洞穴**に飛び込み助かった。

なおも、須佐之男《スサノヲ》は自分の頭髪にすむ**ムカデ**を取るように命じるなど、大穴牟遅《オホナムヂ》を苦しめるが、これも須勢《スセ》理毘売《リビメ》の機転で助けられる。

そして、油断した須佐之男《スサノヲ》が寝ている隙に、その髪を**垂木**《たるき》に結びつけ、**刀**や**弓**、**琴**などを持ち出して、須勢《スセ》理毘売《リビメ》を背負って逃げ出した。

目を覚ました須佐之男《スサノヲ》は、垂木《たるき》に結ばれた髪を解き、追いかけた。そして、**黄泉比良坂**《よもつひらさか》まできたとき、大《オホ》穴牟遅《ナムヂ》に向かって、「おまえの持ち出した**生大刀**《いくたち》と**生弓矢**《いくゆみや》で八十神《ヤソガミ》を追い払い、そして**大国主神**《オホクニヌシノカミ》と名乗り、須勢理毘売《スセリビメ》を正妻とし、＊**宇迦の山**《うかのやま》の麓に立派な宮殿を建てて住め、こいつめ」と、大声で呼びかけた。

Q&A 須佐之男《スサノヲ》の試練は成年式儀礼？

須佐之男《スサノヲ》が大穴牟遅《オホナムヂ》に課した試練は成年式儀礼と考えられる。これを終えたことで、大穴牟遅《オホナムヂ》は大人として認められ、結婚を許されたのである。

＊**宇迦**《うか》**の山**《やま》／現在の出雲《いづも》大社の東方にある丘陵。

神々の紹介

大穴牟遅神《オホナムヂノカミ》
大地の主神。大国主神《オホクニヌシノカミ》

須勢理毘売《スセリビメ》
須佐之男《スサノヲ》の娘

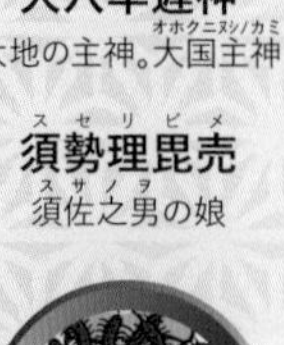

須佐之男命《スサノヲノミコト》
出雲《いずも》系の荒ぶる神

大穴牟遅《オホナムヂ》に与えられた試練

1 蛇のいる部屋

大穴牟遅《オホナムヂ》は、蛇がいる部屋に泊められたが、須勢理毘売《スセリビメ》から渡された比礼《ひれ》（呪力をもつ布）で追い払った。

2 ムカデと蜂のいる部屋

大穴牟遅《オホナムヂ》は、ムカデと蜂のいる部屋に泊められたが、須勢理毘売《スセリビメ》から渡された比礼で追い払った。

3 炎に包まれた野原

須佐之男《スサノヲ》から、野原に射た矢を拾うように命じられた大穴牟遅《オホナムヂ》は、野原に入ったところで火を放たれる。すると鼠が現れ、火から逃れる洞穴を教える。矢も鼠が見つけて運んできた。

4 頭のムカデ取り

須佐之男《スサノヲ》から頭のシラミを取るように命じられるが、シラミではなくムカデだった。大穴牟遅《オホナムヂ》は、須勢理毘売《スセリビメ》から渡された椋《むく》の木の実と赤色の粘土を噛んで吐き出し、ムカデを噛み殺しているように見せかけた。

上巻 14

八千矛《ヤチホコ》の求婚物語

正妻の嫉妬

八千矛神《ヤチホコノカミ》として女神に求婚する

須佐之男《スサノヲ》にもらった**刀**と**矢**で八十《ヤソ》神《ガミ》を追い払った**大国主神**《オホクニヌシノカミ》は、**葦原**《あしはら》**の中**《なか》**つ国**《くに》を統治し、国造りを開始。**須**《ス》**勢理毘売**《セリビメ》を正妻とした。

また、大国主《オホクニヌシ》は**稲羽**《いなば》から**八上比売**《ヤガミヒメ》を連れてきた。しかし、八上比売《ヤガミヒメ》は須勢理毘売《スセリビメ》の嫉妬を恐れて、生んだ子を置いて稲羽《いなば》に帰ってしまう。

大国主《オホクニヌシ》は、**八千矛神**《ヤチホコノカミ》とも呼ばれていた。**高志**《こし》**の国**《くに》（北陸地方）の**沼河**《ヌナカハ》**比売**《ヒメ》を妻にしたいと思っていた八千《ヤチ》矛《ホコ》は、出雲《いずも》を出発して沼河比売《ヌナカハヒメ》の家に着くと、「遠い高志《こし》の国《くに》に、すぐれた**美しい女**がいると聞き、妻を求めて旅立った」と歌った。

その歌を聞いた沼河比売《ヌナカハヒメ》は、戸を開けないまま、「八千矛《ヤチホコ》の神よ、明日の夜に、あなたは**笑顔**でやってきて、**私の白い腕**や、**雪のような胸**をなでて、一緒に寝ることになるでしょうから、ひどく恋焦がれなさいますな」と歌った。そして次の日の夜、ふたりは契りを結んだのである。

八千矛《ヤチホコ》は各地の女性と結婚していったが、須勢理毘売《スセリビメ》は嫉妬深かった。八千矛《ヤチホコ》が**倭**《やまと》**の国**《くに》（奈良県）に旅立とうとしたとき須勢理毘売《スセリビメ》は、「私は女だから、あなた以外に**夫**はいません。私の白い腕や胸に触れてください」と歌った。こうして、ふたりは契りを固め、末長く、**仲睦**《なかむつ》**まじく**鎮座しているのである。

Q&A

なぜ八千矛《ヤチホコ》は高志《こし》へ旅した？

沼河とは、新潟県糸魚川《いといがわ》市を流れる姫川のことで、この地域では縄文時代より翡翠《ひすい》が産出した。八千矛《ヤチホコ》の遠征は、翡翠を入手するためであったのかもしれない。

神々の紹介

八千矛神《ヤチホコノカミ》
大国主神《オホクニヌシノカミ》の別名

須勢理毘売《スセリビメ》
大国主神《オホクニヌシノカミ》の正妻

沼河比売《ヌナカハヒメ》
北陸の翡翠《ひすい》の女神

沼河比売《ヌナカハヒメ》が八千矛《ヤチホコ》に歌った歌

八千矛《ヤチホコ》の　神の命《ミコト》　ぬえ草の
女《め》にしあれば　わが心
浦渚《うらす》の鳥ぞ　今こそは
我鳥《わどり》にあらめ　後《のち》は
汝鳥《などり》にあらむを　命《いのち》は
な殺《し》せたまひそ
いしたふや　天馳使《あまはせづかひ》
事の　語り事《ごと》も　こをば
青山《あをやま》に　日が隠らば
ぬばたまの　夜は出《い》でなむ
朝日の　咲《ゑ》み栄え来て
栲綱《たくづの》の　白き腕《ただむき》
沫雪《あわゆき》の　若やる胸を
そ手抱《だた》き　手抱《たた》きまながり
真玉手《またまで》　玉手《たまで》さしまき
股長《ももなが》に　寝《い》はなさむを
あやに　な恋ひ聞こし
八千矛《ヤチホコ》の　神の命《ミコト》
事の　語り事も　こをば

訳

八千矛神《ヤチホコノカミ》の命《ミコト》よ、私はなよなよした草のような女です。今は心は渚の鳥のようです。私の鳥ですが、やがてあなたの鳥になるでしょうから、鳥たちの命をお助けください。天《あま》翔《か》ける使いの鳥よ。これを語り事としてもお伝えいたします。

あの緑の山に日が沈んだら、暗い夜がやって来て、あなたが朝日のような笑顔でやってきて、私の白い腕や、雪のような若々しい胸に触れ、玉のような手を枕にし、足を伸ばし、休まれるでしょう。なので、あまりひどく恋焦がれなさいますな、八千矛神《ヤチホコノカミ》の命《ミコト》よ。これを語り事としてもお伝えいたします。

八千矛《ヤチホコ》は、沼河比売《ヌナカハヒメ》の家の前で、歌を詠んで求婚した。

上巻 15

少名毘古那《スクナビコナ》と大物主《オホモノヌシ》の協力を得る
大国主《オホクニヌシ》の国造《くにづく》り

少名毘古那神《スクナビコナノカミ》との出会いと別れ

大国主《オホクニヌシ》は国造りの最中、出雲《いずも》の美《み》保《ほ》の岬（島根県美保関）にいたとき、海の向こうから＊羅摩《かがみ》の小舟に乗り、鵝《ひむし》（蛾）の皮を衣服しにした小さな神がやってきた。

大国主《オホクニヌシ》が名前を聞いても答えず、お伴《とも》として従う神々もその名前を知らなかった。

すると、谷蟆《タニグク》（ヒキガエル）が現れ、「案山子《かかし》の崩彦《クエビコ》が知っているでしょう」というので、崩彦《クエビコ》を呼んでたずねてみると、「この神は、神産巣日神《カムムスヒノカミ》の子、少名毘古那神《スクナビコナノカミ》です」と答えた。

そこで、大国主《オホクニヌシ》が神産巣日《カムムスヒ》にたずねると、「確かに**私の子**だ。私の手の指の間からこぼれた子である。おまえたちは兄弟となり、国を造り固めよ」と命じた。

こうして、二柱の神は協力して国造りに励んだが、あるとき突然、少名毘古那《スクナビコナ》は海の彼方《かなた》にある**常世《とこよ》の国《くに》**へ去っていった。

大国主《オホクニヌシ》は、「これからどうやってひとりで国を造ればいいのか」と心配していると、海を照らして近寄ってきた神（**大物主神《オホモノヌシノカミ》**）が、「**倭《やまと》**（奈良県）を囲む山々の、その東の頂《いただ》きを清めて私をまつれば、私はあなたに協力して国造りを完成させよう」と言葉をかけてきた。

そこで大国主《オホクニヌシ》は、この神を**御諸山《みもろやま》**（**三輪山《みわやま》**）にまつったのである。

Q&A 少名毘古那《スクナビコナ》は何をした？

少名毘古那《スクナビコナ》は、谷蟆《タニグク》（ヒキガエル）や案山子《かかし》から正体を明らかにされるため、田畑に関係していることがわかる。つまり、農耕や土地開墾に協力したのである。

神々の紹介

少名毘古那神《スクナビコナノカミ》
神産巣日《カムムスヒ》の子の神

大物主神《オホモノヌシノカミ》
三輪山に鎮座する神

＊**羅摩《かがみ》の小舟**／多年生の蔓草「ガガイモ」のことで、小さな実を舟にしたもの。

大国主《オホクニヌシ》に協力した神々

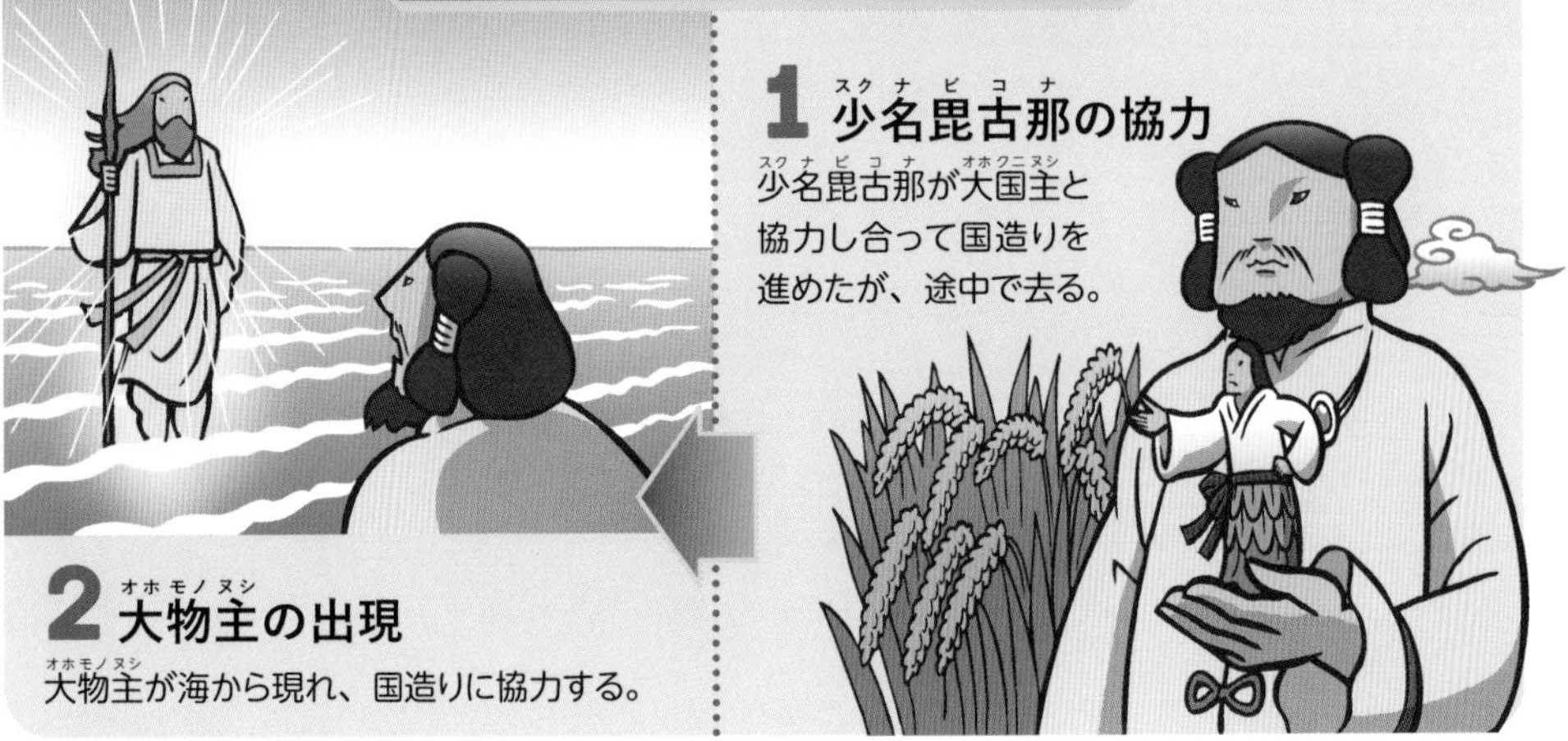

1 少名毘古那《スクナビコナ》の協力

少名毘古那《スクナビコナ》が大国主《オホクニヌシ》と協力し合って国造りを進めたが、途中で去る。

2 大物主《オホモノヌシ》の出現

大物主《オホモノヌシ》が海から現れ、国造りに協力する。

古事記ゆかりの 神社紹介

大《おお》神《みわ》神《じん》社《じゃ》

大物主神《オホモノヌシノカミ》をまつる

創建年 不明（神代）

所在地 奈良県桜井市三輪一四二二

大神《おおみわ》神社には本殿がなく、**三輪山《みわやま》**を御神体としてまつる神社。**原《げん》始《し》神道《しんとう》**（古神道）の形式を残す**日本最古の神社**とされる。祭神の**大《オホ》物主神《モノヌシノカミ》**は、**大国主神《オホクニヌシノカミ》**の国造りに協力した。また、10代崇神《すじん》天皇の夢の中に現れ、自らを三輪山にまつるように命じたという。

◇拝殿

江戸幕府4代将軍・徳川家綱の造営。

◇三輪山

三輪山が御神体であり、神が鎮まる山として古代から信仰された。

 写真提供／大神神社

天照《アマテラス》が地上に神々を派遣する
天からの使者

大国主《オホクニヌシ》に懐柔される天照《アマテラス》の使者たち

大国主《オホクニヌシ》の国が繁栄すると、**高《たか》天《ま》の原《はら》**の**天照《アマテラス》**は、「＊**豊葦原《とよあしはら》の水穂《みずほ》の国《くに》**は私の子が治めるべき国です」と宣言、**天忍穂耳命《アメノオシホミミノミコト》**（➡P46）を派遣した。

しかし天忍穂耳《アメノオシホミミ》は、天地の間にかかる**天《あめ》の浮橋《うきはし》**に降り立ち、地上を眺めると、「地上はひどく騒がしく、荒れている様子だ」と言って再び天に上り、天照《アマテラス》に報告した。

そこで、天照《アマテラス》と**高御産巣日《タカミムスヒ》**（➡P34）は、八百万《やおよろず》の神々を、天《あめ》の安《やす》の河原《かわら》に召集し、**思金《オモヒカネ》**（➡P48）に方策を考えさせた。そして天照《アマテラス》は皆に、「葦原《あしはら》の中《なか》つ国《くに》は、荒ぶる神々で満ちているという。どの神を遣わせたらよいだろう」とたずねた。

八百万《やおよろず》の神々と思金《オモヒカネ》は相談し、「**天之菩比《アメノホヒ》**がよいでしょう」と提案した。ところが、地上に派遣された天之菩比《アメノホヒ》は大国主《オホクニヌシ》に懐柔されて**三年**経っても何も報告しない。

そこで今度は**天若日子《アメノワカヒコ》**が地上に行くことになり、弓と矢が与えられたが、大国主《オホクニヌシ》の娘と結婚し、**八年間**も報告をしなかった。

困った天照《アマテラス》は、天若日子《アメノワカヒコ》の様子を探るため、**雉《きじ》の鳴女《ナキメ》**を遣わした。鳴《ナキ》女《メ》は地上に降り、「なぜ報告をしないのか」とたずねたが、天若日子《アメノワカヒコ》は神から与えられた弓矢で鳴女《ナキメ》を**射殺**。

この矢は高《たか》天《ま》の原《はら》まで届いたが、再び地上に放たれ、天若日子《アメノワカヒコ》を射殺したのである。

Q&A 葦《あし》原《はら》の中《なか》つ国《くに》の荒ぶる神々とは？

葦原《あしはら》の中《なか》つ国《くに》とは出雲《いずも》地方のことであり、出雲《いずも》平定を目指すヤマト政権にとって、「ひどく騒がしく、荒ぶる神々で満ちている」状態であった。

神々の紹介

天忍穂耳命《アメノオシホミミノミコト》
誓約《うけい》による天照《アマテラス》の子

天之菩比能命《アメノホヒノミコト》
誓約《うけい》による天照《アマテラス》の子

天若日子《アメノワカヒコ》
出雲《いずも》系の若い神

＊**豊葦原《とよあしはら》の水穂《みずほ》の国《くに》**／葦が豊かに成長するように稲穂が成長する国。

失敗が続く天からの派遣

1 天忍穂耳《アメノオシホミミ》の派遣

天照《アマテラス》から地上に派遣された天忍穂耳《アメノオシホミミ》は、その途中で地上の騒がしさを恐れ、再び天に上る。

2 天之菩比《アメノホヒ》の派遣

続いて、天之菩比《アメノホヒ》が派遣されるが、大国主《オホクニヌシ》に懐柔され、三年経っても何も報告しなかった。

3 天若日子《アメノワカヒコ》の派遣

続いて、天若日子《アメノワカヒコ》が派遣されたが、大国主《オホクニヌシ》の娘と結婚し、八年経っても何も報告しなかった。

4 射殺される鳴女《ナキメ》

派遣された雉《きじ》の鳴女《ナキメ》から、「なぜ復命しないのか」と問われた天若日子《アメノワカヒコ》は、弓で鳴女《ナキメ》を射殺した。

上巻 17

葦原《あしはら》の中《なか》つ国《くに》の譲渡を要求する

建御雷神《タケミカヅチノカミ》の派遣

抵抗することなく承諾した事代主《コトシロヌシ》

派遣の失敗が続く**天照《アマテラス》**は、「今度はどの神を遣わすのがよいだろう」と、**八百万《やおよろず》の神々**にたずねた。**思金《オモヒカネ》**らは、「**伊都之尾羽張神《イツノヲハバリノカミ》**がよいでしょう。この神でなければ、その神の子、**建御雷神《タケミカヅチノカミ》**はいかがでしょう」と提案した。

この結果、建御雷《タケミカヅチ》が使者に選ばれた。天照《アマテラス》は、**天鳥船《アメノトリフネ》**（**鳥之石楠船神《トリノイハクスフネノカミ》**）（⬇P38）を建御雷《タケミカヅチ》に副《そ》えて、地上に送り出した。

建御雷《タケミカヅチ》は、**出雲《いずも》**の**稲佐《いなさ》の浜《はま》**に降り立つと、**十拳《とつか》の剣《つるぎ》**を抜いて波の上に逆さにして立て、その**切先《きっさき》**にあぐらをかいて座り、**大国主《オホクニヌシ》**を呼び出した。そして、「私は**天照大御神《アマテラスオホミカミ》**と*****高木神《タカギノカミ》**（**高御産巣日《タカミムスヒ》**）の使いとしてやってきた。『そなたが治めている**葦原《あしはら》の中《なか》つ国《くに》**は、私の御子が治めるべき』と申されているが、そなたの考えはどうか」とたずねた。

すると大国主《オホクニヌシ》は「私は答えられませんが、後を継いだ私の子の**八重事代主《ヤヘコトシロヌシ》**が答えるでしょう。今、**美保《みほ》の岬**（⬇P78）に出かけております」と言った。

建御雷《タケミカヅチ》は天鳥船《アメノトリフネ》を美保《みほ》の岬に送って事代主《コトシロヌシ》を連れてこさせ、改めて意向を問うた。

すると、事代主《コトシロヌシ》は、「畏《かしこ》まりました。この国を**天つ神の御子《みこ》**に奉りましょう」と答えると、すぐさま姿を隠してしまった。

Q&A

建御雷《タケミカヅチ》とは何者か？

建御雷《タケミカヅチ》の派遣は、武力による出雲《いずも》の制圧を物語る。また、建御雷《タケミカヅチ》は中臣氏《なかとみうじ》の氏神であり、建御雷《タケミカヅチ》の活躍は勢力を誇る中臣氏への配慮と考えられる。

神々の紹介

建御雷神《タケミカヅチノカミ》
雷神。剣の神

大国主神《オホクニヌシノカミ》
地上を支配する神

＊**高木神《タカギノカミ》**／高御産巣日《タカミムスヒ》の別名で、神木を神格化した神。

国譲りを要求する建御雷《タケミカヅチ》

1 国譲りを要求

天照《アマテラス》から地上に派遣された建御雷《タケミカヅチ》は、出雲《いずも》の稲佐《いなさ》の浜《はま》に降り立つと、十拳《とつか》の剣《つるぎ》を抜いて波の上に逆さにして立て、その切先《きっさき》にあぐらをかいて座った。そして大国主《オホクニヌシ》を呼び出し、葦原《あしはら》の中《なか》つ国《くに》を天照《アマテラス》に譲るように要求した。

2 承諾する事代主《コトシロヌシ》

大国主《オホクニヌシ》は、「私は答えられません。後を継いだ私の子の八重事代主《ヤヘコトシロヌシ》が答えるでしょう」と答える。建御雷《タケミカヅチ》から、国譲りを求められた事代主《コトシロヌシ》は、抵抗することなく国譲りを承諾すると、すぐさま、姿を隠してしまった。

古事記ゆかりの神社紹介

鹿《か》島《しま》神《じん》宮《ぐう》

建御雷神《タケミカヅチノカミ》をまつる

主祭神は、国譲りを要求した武神・**建御雷神**《タケミカヅチノカミ》（祭神名は**武甕槌大神**《タケミカヅチノオオカミ》）。東征中、熊野で危機に直面した**神武天皇**《じんむ》は、建御雷神《タケミカヅチノカミ》から授けられた神剣によって窮地を脱した（⬇114）。東征後、神武天皇は感謝を込めて、建御雷神《タケミカヅチノカミ》を**鹿島**《かしま》の地にまつったという。

創建年 紀元前六六〇年

所在地 茨城県鹿嶋市宮中二三〇六-一

◇**楼門** 初代水戸藩主・徳川頼房が奉納したもの。

◇**本殿**
建御雷神《タケミカヅチノカミ》の霊力を東国へ及ぼすため、本殿は神社としては珍しく北向きに建てられている。本殿と拝殿は、江戸幕府二代将軍・徳川秀忠が造営した。

写真提供／鹿島神宮

葦原《あしはら》の中《なか》つ国《くに》が天照《アマテラス》に譲《ゆず》られる
大《オホ》国《クニ》主《ヌシ》の国《くに》譲《ゆず》り

建御名方《タケミナカタ》の敗北後国譲りを申し出る

事代主《コトシロヌシ》が姿を隠すと、**建御雷《タケミカヅチ》**は**大《オホ》国主《クニヌシ》**に向かって、「ほかに意見を言う子はいるか」とたずねた。すると大国主《オホクニヌシ》は、「もうひとり、わが子に**建御名方神《タケミナカタノカミ》**がおります」と答えた。

そこに、建御名方《タケミナカタ》が**千引《ちび》きの大岩**を掌《てのひら》に乗せて現れ、「どいつが私の国に来て、ひそひそ話をしているのだ。では、**力競べ**をしてみよう」と言い、建御雷《タケミカヅチ》の手を握った。

すると、その手は**氷柱《つらら》**に変化し、また**剣の刃**に変化したので、建御名方《タケミナカタ》は怖気《おじけ》づいて、手を引っ込めてしまった。

次に、建御雷《タケミカヅチ》は建御名方《タケミナカタ》の手を握って放り投げたので、恐れをなした建御名方《タケミナカタ》は逃げ去った。建御雷《タケミカヅチ》が追いかけ、**諏訪湖《すわこ》**（長野県）まで追い詰めると、建御名方《タケミナカタ》は「殺さないでください。私はこの地を離れません。**葦原《あしはら》の中《なか》つ国《くに》**は奉ります」と言った。

出雲《いずも》に戻った建御雷《タケミカヅチ》は、大国主《オホクニヌシ》に向かい、「ふたりの子は**天つ神の御《み》子《こ》**の言葉に従うと言っている。そなたはどう思うか」と、改めて問うた。

ついに大国主《オホクニヌシ》は、「葦原《あしはら》の中《なか》つ国《くに》はことごとく**献上**しましょう。ただ、**高天《たかま》の原《はら》**に届くほど＊**氷木《ひぎ》**が高々とそびえる**宮殿**を築いて私をまつってほしい」と、**国譲り**を申し出た。

こうして出雲《いずも》に宮殿が築かれ、天に上った建御雷《タケミカヅチ》は**天照《アマテラス》**に葦原《あしはら》の中《なか》つ国《くに》の平定を報告したのである。

Q&A なぜ神話の舞台は出雲《いずも》だった？

出雲《いずも》を舞台にした神話の分量は、古事記の神話全体の四割を超えている。古事記の作者は、滅び去った出雲《いずも》に深い共感を抱いていたと思われる。

＊**氷木《ひぎ》**／千木《ちぎ》ともいう。屋根の両端で交差して突き出た木。

神々の紹介

建御雷神《タケミカヅチノカミ》
雷神。剣の神

建御名方神《タケミナカタノカミ》
大国主《オホクニヌシ》の子。武神

国を譲る大国主《オホクニヌシ》

1 建御名方《タケミナカタ》の抵抗

国譲りに反対する建御《タケミ》名方《ナカタ》は、建御雷《タケミカヅチ》との力競べに挑む。しかし、建御雷《タケミカヅチ》は手を氷柱や剣の刃に変化させ、さらに建御名方《タケミナカタ》をつかんで投げ飛ばす。建御名方《タケミナカタ》は諏訪湖まで逃げるが、追い詰められて降伏し、国譲りを承諾する。

2 大国主《オホクニヌシ》の服属

出雲《いずも》に戻った建御雷《タケミカヅチ》から建御名方《タケミナカタ》の降伏を知らされた大国主《オホクニヌシ》は、「天に届くほど高い宮殿を築いて自分をまつってほしい」という条件をつけて、国譲りに承諾する。大国主《オホクニヌシ》は、服属の儀礼を行うと、建《タケ》御雷《ミカヅチ》は天に上って、地上の平定を天照《アマテラス》に報告した。

古事記ゆかりの 神社紹介

建御名方神《タケミナカタノカミ》をまつる

諏《す》訪《わ》大《たい》社《しゃ》

創建年 不明（神代）

所在地 長野県諏訪市中洲宮山一（上社本宮）

御柱祭《おんばしらさい》の神事で知られる**諏訪大社**《すわ》は、諏訪湖の周囲に**上社**《かみしゃ》の**本宮**《ほんみや》と**前宮**《まえみや》、**下社**《しもしゃ》の**春宮**《はるみや》と**秋宮**《あきみや》の四つの境内地をもつ。主祭神の**建御名**《タケミナ》**方神**《カタノカミ》が、**建御雷神**《タケミカヅチノカミ》によって諏訪の地まで追い詰められたとき、「この土地から出ない」と誓って降伏し、命乞いをした。これが諏訪《すわ》大社の起源となっている。

◇上社本宮《かみしゃほんみや》の幣拝殿《へいはいでん》

上社本宮《かみしゃほんみや》は守屋山《もりやさん》を御神体とするため本殿をもたない。

◇下社春宮《しもしゃはるみや》の幣拝殿《へいはいでん》

下社には春宮と秋宮があり、春宮は杉を御神木とする。

写真提供／諏訪大社

神々の紹介

大国主神《オホクニヌシノカミ》

別名　大穴牟遅神《オホナムヂノカミ》、八千矛神《ヤチホコノカミ》、葦原色許男神《アシハラシコヲノカミ》、宇都志国玉神《ウツシクニタマノカミ》

恋愛物語に隠された出雲《いずも》の武力支配

大国主《オホクニヌシ》は、若き日に**稲羽《いなば》の素兎《しろうさぎ》**を助けるところで登場する。その後、**根《ね》の堅州国《かたすくに》**で試練を乗り越え、地上に戻った後は国造りを行い、国が完成すると、「国を譲れ」という**天照《アマテラス》**の要求に従う。このとき、「天に届くほど高くそびえる**宮殿**を築いて私をまつってほしい」という条件を出し、古事記の舞台から姿を消す。

大国主《オホクニヌシ》の**国譲り**は、日本海側一帯に支配地域を広げた**古代出雲**が、ヤマト政権と対抗し、最終的に屈したことを示している。ただ、大国主《オホクニヌシ》は**敗者**であるにもかかわらず、古事記神話の四割を占める**出雲《いずも》神話**の主人公なのである。

また、その生涯を一代記のように語るのは、古事記において、大国主《オホクニヌシ》のほかには**倭建《ヤマトタケル》**（➡P140）しかおらず、大国主《オホクニヌシ》は、古事記を象徴する神だといえるのである。

古事記には複数の名をもつ神が登場するが、大国主《オホクニヌシ》は**五つ**もの名前が記されている。最初に登場するときは**大穴牟遅神《オホナムヂノカミ》**であり、**根《ね》の国《くに》**では**須《ス》佐之男《サノヲ》**から、「こいつは**葦原色許男《アシハラシコヲ》**だ」

大国主神をまつる神社

- 出雲大社（島根県出雲市）（➡P88）
- 大前神社（栃木県真岡市）
- 日光二荒山神社（栃木県日光市）
- 大國魂神社（東京都府中市）
- 神田明神（東京都千代田区）
- 氣多大社（石川県羽咋市）

稲佐《いなさ》の浜《はま》（島根県出雲市）
出雲大社の西方約1kmにある海岸で、大国主《オホクニヌシ》の国譲りの舞台となった。

写真提供／島根県観光写真ギャラリー

と言われる。

　試練を終えた大国主《オホクニヌシ》が、根《ね》の国《くに》から逃げ出すときには、須佐之男《スサノヲ》から、「**大国主神**《オホクニヌシノカミ》となり、また、**宇都志国玉神**《ウツシクニタマノカミ》となれ」と言われ、その直後、**八千矛神**《ヤチホコノカミ》として**高志**《こし》（北陸地方）の**沼河比売**《ヌナカハヒメ》に求婚するのである。

　神の名には、**意味**と**役割**が込められているため、大国主《オホクニヌシ》が複数の名をもつ理由は、もともとは別々だった複数の神を、「**偉大なる国の主**」という意味の大国主《オホクニヌシ》という名で統合したものだと考えられる。

　大国主《オホクニヌシ》には、英雄的な行動だけでなく、**恋物語**が多く語られていることも特徴である。物語と系譜を合わせると大国主《オホクニヌシ》には六人の妻が記されており、女性たちも個性的である。特に、**沼河比売**《ヌナカハヒメ》や**須勢理毘売**《スセリビメ》とは、歌を交わし合い、男女の細やかな心情を表現している。

　こうした恋物語は、大国主《オホクニヌシ》が各地を**征服・平定**していったことを物語っていると考えられている。

「白兎の図」吉田暢生作（出雲大社所蔵）

稲羽《いなば》の素兎《しろうさぎ》を助ける大国主《オホクニヌシ》
大国主《オホクニヌシ》の音読みが「大黒《だいこく》」に通じることや、袋を担ぐ姿などから、大国主《オホクニヌシ》は大黒天《だいこくてん》（七福神のひとり）と同一視されることも多い。

大国主《オホクニヌシ》の六人の妻

1. **須勢理毘売**《スセリビメ》（➡P74）須佐之男《スサノヲ》の娘で、正妻。
2. **八上比売**《ヤガミヒメ》（➡P70）素兎《しろうさぎ》から結婚を予言される。
3. **沼河比売**《ヌナカハヒメ》（➡P76）北陸の美神。歌を詠み交わす。
4. **多紀理毘売**《タキリビメ》（➡P46）須佐之男《スサノヲ》が誓約《うけい》で生む。
5. **神屋楯比売**《カムヤタテヒメ》　事代主《コトシロヌシ》を生む。
6. **鳥取神**《トトリノカミ》　鳥鳴海神《トリナルミノカミ》を生む。

大国主大神《オホクニヌシノオホカミ》をまつる

出雲大社《いづもおおやしろ》

創建年 不明（神代）

所在地 島根県出雲市大社町杵築東一九五

一般に**出雲大社**《いずもたいしゃ》と呼ばれる出雲大社《いづもおおやしろ》は、古代より**杵築大社**《きづきのおおやしろ》と呼ばれてきた（1871年に出雲大社に改称）。**大国主命**《オホクニヌシノミコト》（祭神名は**大国主大神**《オホクニヌシノオホカミ》）が国を譲るとき、「天に届くほど高い**宮殿**を建ててほしい」と要求して造営された宮殿が、出雲大社の起源とされる。2000年、直径約1・3mの杉材を3本束ねた鎌倉時代初期の**柱跡**が出土し、古代の出雲大社が巨大な神殿であったことが証明された。

◇大国主大神《オホクニヌシノオホカミ》のご神像

「稲羽《いなば》の素兎《しろうさぎ》」をもとにした像で、「御慈愛の御神像」と呼ばれる。

写真提供／出雲大社

◇本殿

日本最古の神社建築の様式である大社造《たいしゃづくり》によるもので、千木《ちぎ》（棟《むね》の両端で交差する木）の長さは約8.3mにもなる。

旧暦十月には、全国の**八百万《やおよろず》の神々**が出雲《いずも》に集まるとされてきた。このため、出雲以外では十月は**神無月《かんなづき》**と呼ばれるが、出雲《いずも》では**神在月《かみありづき》**と呼ばれ、出雲大社では、**神迎祭《かみむかえさい》**などが行われる。また、参拝方法は、一般的な**二拝二拍手一拝**ではなく、**二拝四拍手一拝**が正式なものである。

写真提供／出雲大社

◇神楽殿《かぐらでん》の大注連縄《おおしめなわ》

日本最大級の注連縄で、長さは約13m、太さは約８m、重量は約５トン。注連縄の綯《な》い方は大黒《だいこく》締めと呼ばれる技法で、向かって左側が元になる。

◇古代の出雲大社（復元模型）

社伝によると、古代の出雲大社は高さが約48m、本殿から伸びる引橋（階段）の長さは、１町（約109m）あったという高層神殿だった。

出雲大社所蔵・
島根県立古代出雲歴史博物館写真提供

天孫降臨《てんそんこうりん》

邇邇芸命《ニニギノミコト》が地上に降り立つ

父の代わりに降臨を命じられた邇邇芸《ニニギ》

国譲りの報告を受けた**天照**《アマテラス》は、子の**天忍穂耳**《アメノオシホミミ》に「**葦原の中つ国**《あしはらのなかつくに》を統治しなさい」と命じた。ところが天忍《アメノオシ》穂耳《ホミミ》は、「地上に降りる準備をしている間に子が生まれました。名を**邇**《ニ》**邇芸命**《ニギノミコト》といいます。この子を送るのがよいでしょう」と答えた。

こうして天照《アマテラス》は邇邇芸《ニニギ》に、「この**豊葦原の水穂の国**《とよあしはらのみずほのくに》は、あなたが治める土地なので降りなさい」と命じた。

邇邇芸《ニニギ》は**天の石屋**《あまのいわや》（⬇P48）で活躍した**天児屋**《アメノコヤネ》、**布刀玉**《フトダマ》、**天宇受売**《アメノウズメ》、**伊斯許理度売**《イシコリドメ》、**玉祖**《タマノオヤ》をお伴《とも》にすることにした。また、天照《アマテラス》は**八咫の鏡**《やたのかがみ》、**八尺瓊の勾玉**《やさかにのまがたま》、**草薙の剣**《くさなぎのつるぎ》の「**三種の神器**」を邇邇芸《ニニギ》に授け、「この鏡を私だと思い、敬ってまつりなさい」と命じた。さらに、邇邇芸《ニニギ》は**天手力男**《アメノタヂカラヲ》、**思金**《オモヒカネ》、**天岩門別**《アメノイハトワケ》もお伴に加えた。

こうして、邇邇芸《ニニギ》らが地上に降りようとしたとき、天と地を分ける＊**天の八衢**《あめのやちまた》で、天上と地上の両方を照らす神がいた。

天宇受売《アメノウズメ》が、その神のもとに行き、名前を問うと、「私は**国つ神**《くにつかみ》（土着の神）の**猿田毘古神**《サルタビコノカミ》と申します。先導役を務めるため、お迎えにあがりました」と答えた。

筑紫《つくし》（九州）の**日向の高千穂**《ひむかのたかちほ》の霊峰に降り立った邇邇芸《ニニギ》は、「ここは**朝日**がまっすぐに射し、**夕陽**がいつまでも輝き渡る素晴らしい国だ」と言い、この地に壮大な**宮殿**を築いた。

Q&A 高千穂とは何を意味する？

高千穂とは、収穫祭のために積まれた稲穂のことである。これに、神が天から山頂に降りるという北方系の建国神話が重ねられたものであろう。

＊**天の八衢**《あめのやちまた》／天から地へ降りる道の、いく筋も分かれた辻。

神々の紹介

天照大御神《アマテラスオホミカミ》
太陽神で皇室の祖

邇邇芸命《ニニギノミコト》
天照《アマテラス》の孫（天孫）

天宇受売命《アメノウズメノミコト》
芸能を司る女神

地上に降臨する邇邇芸《ニニギ》

1 三種の神器を授かる邇邇芸《ニニギ》

天照《アマテラス》は邇邇芸《ニニギ》に地上へ降りるように命じ、八咫《やた》の鏡《かがみ》、八尺瓊《やさかに》の勾玉《まがたま》、草薙《くさなぎ》の剣《つるぎ》を授けた。

2 猿田毘古《サルタビコ》との遭遇

天《あめ》の八衢《やちまた》で、先導役を務めるために、国《くに》つ神《かみ》(土着の神)の猿田毘古《サルタビコ》が待っていた。

3 高千穂《たかちほ》に降臨する邇邇芸《ニニギ》

邇邇芸《ニニギ》一行は、筑紫《つくし》(九州)の日向《ひむか》の高千《たかち》穂《ほ》の霊峰に降り立った。

天宇受売《アメノウズメ》と故郷の伊勢《いせ》に戻る 猿田毘古《サルタビコ》の帰郷《ききょう》

神々の紹介

猿田毘古神《サルタビコノカミ》
伊勢の土着の神

天宇受売命《アメノウズメノミコト》
芸能を司る女神

猿田毘古《サルタビコ》に仕えた天宇受売《アメノウズメ》

高千穂《たかちほ》に降り立った**邇邇芸**《ニニギ》は、**天宇受売**《アメノウズメ》に「先導役として仕えてくれた**猿田毘古**《サルタビコ》に、最初に声をかけて名をたずねたそなたが、故郷である**伊勢**《いせ》（三重県）に送って行きなさい。そして、猿田毘古《サルタビコ》の**御名**《みな》を受け継いで、お仕えしなさい」と命じた。

このため、祭祀を司る天宇受売《アメノウズメ》の子孫の巫女たちは、**猿女君**《サルメノキミ》と呼ばれるようになったのである。

さて、猿田毘古《サルタビコ》が**阿耶訶**《あざか》（三重県松阪市）で漁《すなどり》をしていたとき、**比良夫貝**《ひらぶがい》に手を挟まれて海に沈み、溺れてしまった。海の底に沈んだときの＊**名**を**底度久御魂**《ソコドクミタマ》と言い、その海水が泡立ったときの名を**都夫多都御魂**《ツブタツミタマ》と言い、その泡が海面で裂けたときの名を**阿和佐久御魂**《アワサクミタマ》と言う。

天宇受売《アメノウズメ》は猿田毘古《サルタビコ》を伊勢《いせ》に送って阿耶訶《あざか》に到着すると、伊勢の海にいる魚介類をすべて集めて、「おまえたちは、**天照大御神**《アマテラスオオミカミ》にお仕えするか」と、たずねた。

魚たちはすべて仕えると返事をしたが、**海鼠**《なまこ》だけが返事をしなかった。このため天宇受売《アメノウズメ》は、「この口は答えができないのか」と言って、小刀で、その口を裂いた。このため、海鼠《なまこ》の口は横に裂けているという。

そういうわけで、**志摩**《しま》**の国**（三重県）から宮廷に届けられる**初物の魚介類**は、猿女君《サルメノキミ》に分け与えられるのである。

Q&A 猿田毘古《サルタビコ》の話題が挿入された意味は？

猿田毘古《サルタビコ》も天宇受売《アメノウズメ》も、伊勢志摩地方の海民集団に信仰されていた神で、この地方の海民が古くから朝廷に服属していたことを示している。

＊**名**／御魂の名という意味で、神が生まれたとは書かれていない。

古事記ゆかりの

神社　紹介

猿《さる》田《た》彦《ひこ》神《じん》社《じゃ》

猿田毘古神《サルタビコノカミ》をまつる

創建年
不明（神代）

所在地
三重県伊勢市宇治浦田二-一-一〇

猿田毘古神《サルタビコノカミ》（祭神名は**猿田彦大神**《サルタヒコノオホカミ》）をまつる神社。伊勢に戻った猿田《サルタ》毘古神《ビコノカミ》は、**五十鈴川**《いすずがわ》の川上に鎮座した。この地は、猿田毘古神《サルタビコノカミ》の子孫・**大田命**《オホタノミコト》が**倭姫命**《ヤマトヒメノミコト》に献上し、**伊勢神宮**《いせじんぐう》（➡P52）が創建された。猿田彦神《さるたひこじん》社《じゃ》は、大田命《オホタノミコト》の子孫が邸宅内に祖神・猿田毘古神《サルタビコノカミ》をまつっていたのを、明治時代に神社としたのが起源である。

◇本殿

「さだひこ造り」と呼ばれる特殊な妻入造。

写真提供／伊勢志摩観光コンベンション機構

猿田毘古《サルタビコ》と天宇受売《アメノウズメ》

1 「猿」の名を授かる天宇受売《アメノウズメ》

天宇受売《アメノウズメ》は、邇邇芸《ニニギ》から、猿田毘古《サルタビコ》を故郷の伊勢に送り届け、名を受け継いで仕えるように命じられる。

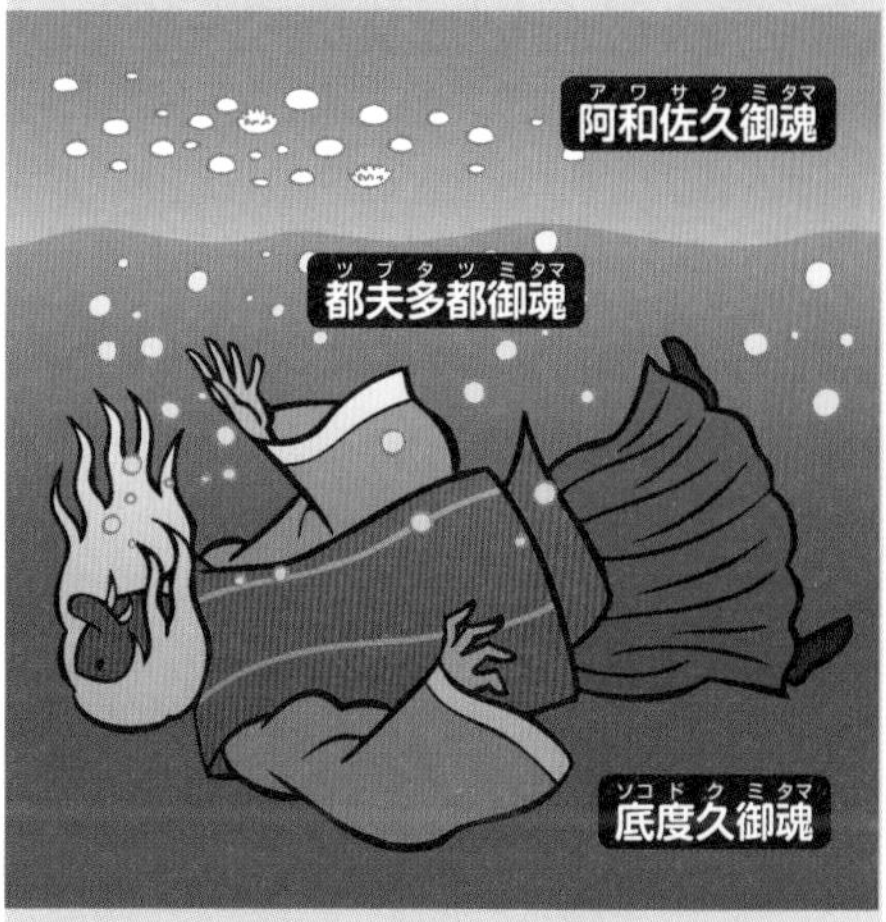

2 海で溺れる猿田毘古《サルタビコ》

伊勢で魚を捕っていた猿田毘古《サルタビコ》は、貝に手を挟まれて溺れた。水の底に沈んだとき三つの御魂《みたま》が成った。

上巻 21

木花之佐久夜毘売《コノハナノサクヤビメ》との出会い

邇邇芸《ニニギ》の結婚《けっこん》

石長比売《イハナガヒメ》を送り返し永遠の命を失う

邇邇芸《ニニギ》が、**笠沙の岬**《かささのみさき》を訪ねたときに美しい娘に出会った。名をたずねると、**木花之佐久夜毘売**《コノハナノサクヤビメ》という。

邇邇芸《ニニギ》がすぐさま求婚すると、「父の**大山津見神**《オオヤマツミノカミ》（⬇P38）が答えるでしょう」と答えた。結婚の申し入れを聞いた大山津見《オオヤマツミ》は大喜びし、佐久《サク》夜毘売《ヤビメ》の姉・**石長比売**《イハナガヒメ》も一緒に差し出した。

しかし、石長比売《イハナガヒメ》は醜い顔をしていたので、邇邇芸《ニニギ》は送り返し、佐久《サク》夜毘売《ヤビメ》とだけ契りを結んだ。

これを深く恥じた大山津見《オオヤマツミ》は、邇《ニ》邇芸《ニギ》に次のような言葉を送った。「石長比売《イハナガヒメ》と一緒なら、あなた様の命は、**雪**が降っても、**風**が吹いても、岩のように揺るぎない**永遠**のものになったでしょう。しかし、佐久夜毘《サクヤビ》売《メ》とだけ一緒なら、命は**木の花**（**桜**）のように散り落ちるでしょう」。

このために、天皇は**永遠**の生命を失ってしまったのである。

一方、佐久夜毘売《サクヤビメ》から**妊娠**を告げられた邇邇芸《ニニギ》は、「ただ**一夜の契り**で妊娠したというのか。私の子ではあるまい」と、疑った。

佐久夜毘売《サクヤビメ》は、「**炎**の中で生みます。神の子であれば無事でしょう」と言い、＊**産屋**《うぶや》を建てて出口を塞《ふさ》ぎ、出産のときに、内側から火を放った。そして、燃え盛る産屋《うぶや》の中で**火照**《ホデリノ》**命**《ミコト》、**火須勢理命**《ホスセリノミコト》、**火遠理命**《ホヲリノミコト》の三柱の男児を生んだのである。

Q&A

天皇の寿命を説明した理由は？

天から降臨した邇邇芸《ニニギ》は、神なので死なない存在であったが、邇邇芸《ニニギ》の子孫である天皇には寿命がある。その理由を説明するための神話である。

＊**産屋**《うぶや》／出産のために、母屋《おもや》とは別に建てられた小屋。

神々の紹介

邇邇芸命《ニニギノミコト》
天照《アマテラス》の孫（天孫）

木花之佐久夜毘売《コノハナノサクヤビメ》
大山津見神《オオヤマツミノカミ》の娘

石長比売《イハナガヒメ》
佐久夜毘売《サクヤビメ》の姉

邇邇芸《ニニギ》と佐久夜毘売《サクヤビメ》

1 邇邇芸《ニニギ》の求婚

笠沙《かささ》の岬《みさき》で、邇邇芸《ニニギ》は美しい木花之佐久夜《コノハナノサクヤ》毘売《ビメ》に出会い、結婚を申し込む。佐久夜毘《サクヤビ》売《メ》は「父の大山津見神《オホヤマツミノカミ》からお返事をいたします」と答える。

2 姉妹を嫁がせる大山津見《オホヤマツミ》

邇邇芸《ニニギ》は大山津見《オホヤマツミ》に使いを出し、佐久夜毘《サクヤビ》売《メ》との結婚を申し込む。大山津見《オホヤマツミ》は大喜びし、祝賀品とともに、姉の石長比売《イハナガヒメ》も一緒に嫁がせる。

3 送り返される石長比売《イハナガヒメ》

邇邇芸《ニニギ》は醜かった石長比売《イハナガヒメ》を送り返し、佐久夜毘売《サクヤビメ》とだけ一夜をともにする。

御子《みこ》の命は花のようにはかなくなるでしょう

4 永遠の命を失う邇邇芸《ニニギ》

大山津見《オホヤマツミ》は邇邇芸《ニニギ》に使者を送り、「石長比売《イハナガヒメ》には、御子《みこ》の命が岩のように永遠に続くようにと祈りを込めていたが、送り返されたため、永遠の命は失われた」と伝える。

神々の紹介

邇邇芸命《ニニギノミコト》

別名　瓊瓊杵尊《ニニギノミコト》

父神　天忍穂耳命《アメノオシホミミノミコト》

邇邇芸命をまつる神社

- 富士山本宮浅間大社（静岡県富士宮市）（⬇P102）
- 霧島神宮（鹿児島県霧島市）
- 新田神社（鹿児島県薩摩川内市）
- 高千穂神社（宮崎県高千穂町）
- 築土神社（東京都千代田区）
- 射水神社（富山県高岡市）
- 常陸國總社宮（茨城県石岡市）

天皇家の祖先となった人間らしい神

邇邇芸命《ニニギノミコト》の正しい名は、**天邇岐志**《アメニキシ》**国邇岐志天津日高日子番能邇邇芸命**《クニニキシアマツヒコヒコホノニニギノミコト》という。長い名のほとんどは美称であり、**ホノニニギ**は、「稲穂が豊かに実る」という意味。

つまり邇邇芸《ニニギ》は、**穀物の神**である。父は**天忍穂耳命**《アメノオシホミミノミコト》で、**天照**《アマテラス》の直系の孫であるため、**天孫**《てんそん》と呼ばれる。

大国主《オオクニヌシ》が国譲りを申し出たとき、天照《アマテラス》は天忍穂耳《アメノオシホミミ》に**地上の統治**を命じるが、天忍穂耳《アメノオシホミミ》は、子の邇邇芸《ニニギ》を推薦する。このために、地上に向かうことになった邇邇芸《ニニギ》は、天照《アマテラス》から授けられた**三種の神器**を携え、**天《あま》の石《いわ》屋《や》**で活躍した神々らをお伴《とも》にして、高千穂《たかちほ》の霊峰に降り立った。

ちなみに**日本書紀**では、邇邇芸《ニニギ》の地上派遣は、国譲りの前に決定されており、天照《アマテラス》は**高天《たかま》の原《はら》**で育てていた**神聖な稲穂**を邇邇芸《ニニギ》に授け、地上で稲作をはじめるように命じる。

これに対し古事記では、邇邇芸《ニニギ》の派遣は天忍穂耳《アメノオシホミミ》が断ったために実現し、稲を含めた**五穀**の種は**須佐之男**《スサノヲ》が地上にもたらすのである。

天孫《てんそん》である邇邇芸《ニニギ》の子孫は、やが

写真提供／高原町観光協会

天逆鉾《あまのさかほこ》**（宮崎県高原町）**

九州南部の霧島連山の主峰・高千穂峰《たかちほのみね》は、邇邇芸《ニニギ》が降臨した「高千穂」の候補地のひとつ。山頂に立つ鉾は、邇邇芸《ニニギ》が逆さに立てたとされる。

て天皇となるが、天皇が**永遠の命**を失うことになったのは、邇邇芸《ニニギ》が美貌の姫・**木花之佐久夜毘売**《コノハナノサクヤビメ》と結婚したとき、その姉で醜い容姿だが命を司っていた**石長比売**《イハナガヒメ》と結婚せず、親元に送り返したためという。

また、**一夜**をともにした佐久夜毘売《サクヤビメ》が身ごもったことを告げたとき、邇邇芸《ニニギ》は「一夜で妊娠したというのか。私の子ではあるまい」と答える。

容姿で女性を選んだり、妊娠を疑ったりする邇邇芸《ニニギ》は、古事記の神々のなかでも特に人間らしく描かれている。

天孫降臨《てんそんこうりん》

邇邇芸《ニニギ》は三種の神器を携え、高千穂に降り立った。

「天孫降臨」(神宮徴古館所蔵)

邇邇芸《ニニギ》と佐久夜毘売《サクヤビメ》

笠沙《かささ》の岬《みさき》で、木花之佐久夜毘売《コノハナノサクヤビメ》に出会った邇邇芸《ニニギ》は、即座に結婚を申し込んだ。

「木華開耶姫」石井林響(千葉県立美術館所蔵)

火照《ホデリ》と火遠理《ホヲリ》の兄弟争い
海幸彦《ウミサチビコ》と山幸彦《ヤマサチビコ》

釣針をめぐって対立する兄と弟

木花之佐久夜毘売《コノハナノサクヤビメ》が炎の中で生んだ＊**三柱の神**のうち、兄の**火照命《ホデリノミコト》**は海の幸を獲るため**海幸彦《ウミサチビコ》**と呼ばれ、弟の**火遠理命《ホヲリノミコト》**は山の幸を採るため**山《ヤマ》幸彦《サチビコ》**と呼ばれた。

ある日、火遠理《ホヲリ》は兄の火照《ホデリ》に「私も釣りがしてみたいので、道具を**交換**しませんか」と提案。兄は断るが、火遠理《ホヲリ》は何度もお願いして、ついに漁具を貸してもらった。ところが、釣りをしても一匹も釣れず、借りた**釣針**も海に失くしてしまう。

火遠理《ホヲリ》が兄に釣針を失くしたと伝えると、兄は「私の釣針を返せ」と責めた。火遠理《ホヲリ》は身に帯びていた**十《と》拳《つか》の剣《つるぎ》**を鋳潰《いつぶ》して五百本の釣針をつくって償《つぐな》おうとしたが、兄は受け取らず、「元の釣針を返せ」と言った。

泣き悲しむ火遠理《ホヲリ》が海辺に行くと**塩椎神《シホツチノカミ》**が現れた。火遠理《ホヲリ》が泣いている訳を説明すると、塩椎《シホツチ》は竹で編んだ**籠《かご》の小船**をつくり、それに火遠理《ホヲリ》を乗せた。

そして、「私がこの船を押すので、潮の流れに乗って進みなさい。すると、海の神の**大綿津見神《オホワタツミノカミ》**（➡P38）の宮殿に到着するでしょう」と言った。

火遠理《ホヲリ》が教えられたとおりにすると、塩椎《シホツチ》の言うとおり、宮殿に着いた。そこで火遠理《ホヲリ》は、海の神の娘・**豊玉毘売《トヨタマビメ》**と出会い、ふたりはすぐに恋に落ちて、結婚。こうして、火遠理《ホヲリ》は海の神の国で**三年**を過ごした。

Q&A
海彦山彦の物語の原型は？

海彦山彦の物語は、古事記の神話のなかで最も文学的とされる。その原型はインドネシアやメラネシアから伝えられた南方系神話と考えられている。

神々の紹介

火照命《ホデリノミコト》
邇邇芸《ニニギ》の子。海幸彦《ウミサチビコ》

火遠理命《ホヲリノミコト》
邇邇芸《ニニギ》の子。山幸彦《ヤマサチビコ》

＊**三柱の神**／火照命《ホデリノミコト》・火須勢理命《ホスセリノミコト》・火遠理命《ホヲリノミコト》。火須勢理《ホスセリ》は名前しか登場しない。

海を渡る火遠理《ホヲリ》

1 兄の釣針を失くす火遠理《ホヲリ》

釣針を失くした火遠理《ホヲリ》は、兄から「釣針を返せ」と執拗に迫られる。

2 綿津見《わたつみ》の宮を訪問

塩椎《シホツチ》のつくった船で、火遠理《ホヲリ》は綿津見《わたつみ》の宮へ行く。

古事記ゆかりの神社紹介

火遠理命《ホヲリノミコト》をまつる

青《あお》島《しま》神《じん》社《じゃ》

創建年 不明（平安時代以前）

所在地 宮崎県宮崎市青島二ー一三ー一

青島神社は、宮崎市の南東部にある**青島**の、ほぼ中央に位置し、周囲約1・5㎞の青島全体が境内地になっている。青島は古くから聖なる島とされ、青島神社は、**綿津見《ワタツミ》の宮殿**から戻った**火遠理《ホヲリ》**（祭神名は**彦火火出見命《ヒコホホデミノミコト》**）の仮の住居跡と伝えられる。火遠理《ホヲリ》、**豊玉毘売《トヨタマビメ》**、**塩椎神《シホツチノカミ》**の三柱がまつられ、縁結びのご利益で知られる。

◆**神門と社殿** 朱塗りの神門の先に本殿が建つ。

◆**青島全景** 青島の周囲は、「鬼の洗濯板」と呼ばれる波状岩で囲まれている。

写真提供／公益財団法人宮崎県観光協会

上巻 23

神武《じんむ》天皇の父が誕生する
豊玉毘売《トヨタマビメ》の出産

潮を操る珠《たま》を使い兄を服従させる

綿津見《ワタツミ》の国で三年を過ごした**火遠《ホヲ》理《リ》**（**山幸彦《ヤマサチビコ》**）は、釣針を失くしたことを思い出し、深くため息をついた。

その訳を聞いた綿津見《ワタツミ》は、**赤い鯛**の喉から釣針を見つけ出し、火遠理《ホヲリ》に返す。そして、「兄君が戦いを挑んできたら、この*潮盈珠《しおみつたま》**で溺れさせ、もし謝ってきたら、この**潮乾珠《しおふるたま》**で水を引かせて助けてください」と教え、釣針と、ふたつの珠《たま》を火遠理《ホヲリ》に渡して地上に送った。

火遠理《ホヲリ》が釣針を兄の**火照《ホデリ》**（**海幸《ウミサチ》彦《ビコ》**）に返すと、火照《ホデリ》は貧しくなったため、怒って火遠理《ホヲリ》を攻めてきた。火遠理《ホヲリ》は潮盈珠《しおみつたま》で火照《ホデリ》を溺れさせ、潮乾珠《しおふるたま》で助けたので、火照《ホデリ》は降伏して火遠理《ホヲリ》に仕えることになった。

その後、火遠理《ホヲリ》の子を身ごもった**豊玉毘売《トヨタマビメ》**が、**「天子の御子《みこ》**を海中で生めない」と海辺に来て、産屋《うぶや》を建てた。「中を見てはいけない」と釘を刺したが、火遠理《ホヲリ》が産屋を覗《のぞ》くと、大きな**ワニ**（**鮫**）がのたうちまわっていた。

火遠理《ホヲリ》に見られたことを知った豊《トヨ》玉毘売《タマビメ》は、それを恥じて、綿津見《ワタツミ》の国に帰ってしまう。

しかし、わが子・**鵜葺草葺不合命《ウカヤフキアヘズノミコト》**が気がかりな豊玉毘売《トヨタマビメ》は妹・**玉依毘《タマヨリビ》売《メ》**を送って、子育てをさせた。成長した子は、玉依毘売《タマヨリビメ》と結婚して四人の子を生んだ。その末っ子が**神倭伊《カムヤマトイ》****波礼毘古命《ハレビコノミコト》**（**神武天皇《じんむ》**）である。

Q&A
綿津見《ワタツミ》はなぜ火遠理《ホヲリ》に協力した？

綿津見《ワタツミ》は、博多湾を拠点にする安曇《あずみ》氏《し》が信仰する神であり、この神話は、安曇氏《あずみし》がヤマト政権に協力したことを示していると考えられる。

＊**潮盈珠《しおみつたま》**／満潮を起こす呪力のある珠。潮乾珠《しおふるたま》は干潮を起こす。

神々の紹介

火遠理命《ホヲリノミコト》
邇邇芸《ニニギ》の子。山幸彦《ヤマサチビコ》

玉依毘売《タマヨリビメ》
豊玉毘売《トヨタマビメ》の妹

神武《じんむ》天皇が誕生するまで

1 兄を服従させる火遠理《ホヲリ》

故郷に戻った火遠理《ホヲリ》は、綿津見《ワタツミ》から潮を自由に操れる潮盈珠《しおみつたま》と潮乾珠《しおふるたま》を使って、攻めてきた火照《ホデリ》を服従させる。

2 豊玉毘売《トヨタマビメ》の出産

火遠理《ホヲリ》の子を身ごもった豊玉毘売《トヨタマビメ》は、産屋《うぶや》に入ると、「見ないでください」と言ったが、火遠理《ホヲリ》は覗《のぞ》き見る。すると、巨大なワニ（鮫）の姿に変わっていた。これを恥じた豊玉毘《トヨタマビ》売《メ》は、子を置いて綿津見《ワタツミ》の国へ帰る。

3 玉依毘売《タマヨリビメ》の来訪

わが子・鵜葺草葺不合《ウカヤフキアヘズ》が気にかかる豊玉毘売《トヨタマビメ》は、妹の玉依毘売《タマヨリビメ》を火遠理《ホヲリ》のもとに送り、子の世話をさせる。

4 神武《じんむ》天皇の誕生

鵜葺草葺不合《ウカヤフキアヘズ》は、育ての親の玉依毘《タマヨリビ》売《メ》と結婚し、四人の子を生む。その末っ子が、後に神武《じんむ》天皇となる神倭《カムヤマト》伊波礼毘古命《イハレビコノミコト》であった。

木花之佐久夜毘売命《コノハナノサクヤヒメノミコト》をまつる

富士山本宮浅間大社《ふじさんほんぐうせんげんたいしゃ》

創建年
紀元前二七年

所在地
静岡県富士宮市宮町一ー一

霊峰・**富士山**をまつる**富士山本宮浅間大社**の起源は古く、11代**垂仁**《すいにん》天皇の時代、かつて大噴火した富士山の山霊をしずめるために**浅間大神**《アサマノオオカミ》をまつったのが、はじまりとされる。炎の中で出産し、火をしずめる神とされた**木花之佐久夜毘売命**《コノハナノサクヤヒメノミコト》と浅間大神《アサマノオオカミ》は、やがて同一視されるようになり、浅間大社にまつられることになった。現在、浅間大社には木花之佐久夜毘売命《コノハナノサクヤヒメノミコト》のほか、夫の**瓊瓊芸命**《ニニギノミコト》（祭神名は**瓊々杵命**《ニニギノミコト》）や、父の**大山津見神**《オホヤマツミノカミ》（祭神名は**大山祇神**《オオヤマヅミノカミ》）がともにまつられている。

本殿と拝殿

本殿(左)と**拝殿**(右)を含む社殿は、1604年に徳川家康が造営。桜の神である木花之佐久夜毘売命《コノハナノサクヤヒメノミコト》にちなみ、境内には約500本の桜がある。

奥宮《おくみや》　富士山の８合目以上は奥宮の境内で、鳥居が立ち、県境は定まっていない。雲海に富士山の影が映る「影富士《かげふじ》」が見られることもある。

写真提供／富士山本宮浅間大社

鵜《う》戸《ど》神《じん》宮《ぐう》

神《じん》武《む》天《てん》皇《のう》の父神をまつる

創建年 不明（崇神《すじん》天皇の御代《みよ》）

所在地 宮崎県日南市大字宮浦三二三二番地

豊玉毘売《トヨタマビメ》は、**火遠理命**《ホオリノミコト》の子を出産するため**産屋**《うぶや》の屋根を鵜《う》の羽で葺《ふ》いていたが、それが終わらないうちに御子《みこ》が誕生した。このため御子は、**日子波瀲武鸕鷀草葺不合尊**《ヒコナギサタケウガヤフキアエズノミコト》と名付けられたという。後に**神**《じん》**武**《む》**天皇**の父となる神である。この産屋跡が**鵜**《う》**戸**《ど》**神宮**とされる。

◇参道・亀石・本殿

参道（写真上）は海に面しており、崖に沿って設けられた石段を降りて本殿に参拝する。**亀石**（写真中）は豊玉毘売《トヨタマビメ》が乗ってきた亀が石になったものと伝えられる。**本殿**（写真下）は豊玉毘売《トヨタマビメ》の産屋が建てられた場所とされる洞窟内にある。

写真提供／鵜戸神宮

三《さん》種《しゅ》の神《じん》器《ぎ》

形代《かたしろ》がつくられた神鏡と神剣

三種の神器とは、**八咫《やた》の鏡《かがみ》**と**八尺瓊《やさかに》の勾《まが》玉《たま》**、**天叢雲剣《あめのむらくものつるぎ》**（**草薙《くさなぎ》の剣《つるぎ》**）のことである。

鏡と勾玉は、**天《あま》の石屋《いわや》**にこもった**天照《アマテラス》**を引き出すために製作され、剣は**須佐之男《スサノヲ》**が退治した**八俣《ヤマタ》の大蛇《ヲロチ》**の尾から生まれた。神器は、**天孫降臨《てんそんこうりん》**の際、天照《アマテラス》から**邇邇芸《ニニギ》**に授けられ、地上にもたらされた。

神器は、**歴代の天皇**によって受け継がれてきたが、実物は天皇でさえ見ることが許されず、神器の**実像は謎**に包まれている。

現在、宮中の儀式で使用される神器のうち、鏡と剣は**形代《かたしろ》**（模して新造されたもの）であるという。10代**崇神《すじん》天皇**が「神器と同じ場所で暮らすのは畏《おそ》れ多い」として、鏡と剣の形代をつくり、本体を**伊勢神宮《いせ》**（➡P52）でまつったのがはじまりという。

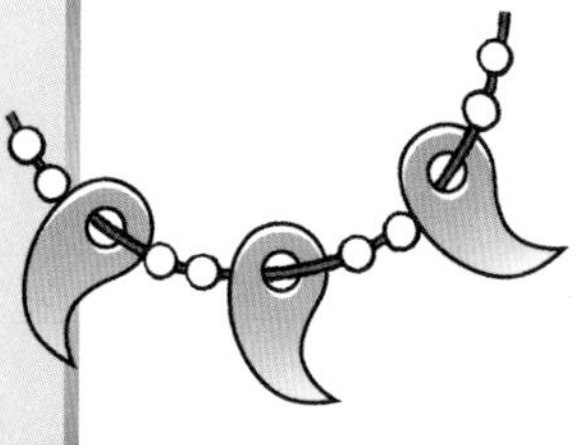

◇八尺瓊《やさかに》の勾玉《まがたま》

【本体】高天《たかま》の原《はら》で製作され、天照《アマテラス》から邇邇芸《ニニギ》に授けられた。現在は**皇居**に伝わる。
【形代】勾玉《まがたま》だけは形代はつくられず、宮中に伝えられてきた。

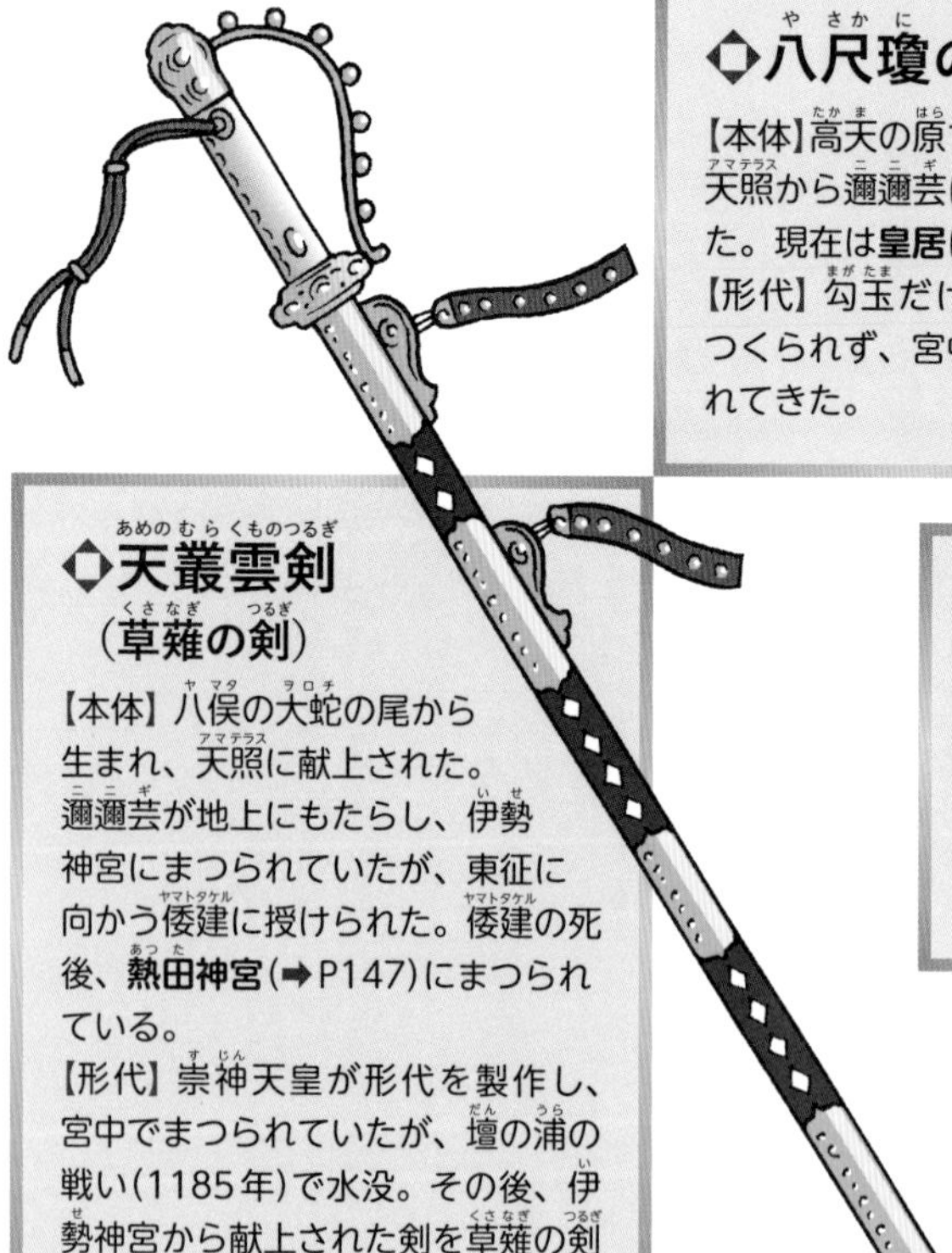

◇天叢雲剣《あめのむらくものつるぎ》（草薙《くさなぎ》の剣《つるぎ》）

【本体】八俣《ヤマタ》の大蛇《ヲロチ》の尾から生まれ、天照《アマテラス》に献上された。邇邇芸《ニニギ》が地上にもたらし、伊勢《いせ》神宮にまつられていたが、東征に向かう倭建《ヤマトタケル》に授けられた。倭建《ヤマトタケル》の死後、**熱田《あつた》神宮**（➡P147）にまつられている。
【形代】崇神《すじん》天皇が形代を製作し、宮中でまつられていたが、壇《だん》の浦《うら》の戦い（1185年）で水没。その後、伊《い》勢《せ》神宮から献上された剣を草薙《くさなぎ》の剣《つるぎ》とした。現在、**皇居**に伝わる。

◇八咫《やた》の鏡《かがみ》

【本体】高天《たかま》の原《はら》で製作され、天照《アマテラス》から邇邇芸《ニニギ》に授けられた。現在は**伊勢《いせ》神宮**（内宮）に伝わる。
【形代】崇神《すじん》天皇が形代を製作し、現在は**皇居**に伝わる。

中《なかつ》巻《まき》

東征の開始

八咫烏の導き

神武天皇の即位

沙本毘売の悲劇

倭建の東征

神功皇后の出征

背景画像／『古事記 中巻』国立国会図書館所蔵

東征を成功させた神武《じんむ》天皇の苦難と、倭建《ヤマトタケル》の悲劇的な生涯を中心に語られる。

神武《じんむ》天皇の東征

〔➡P112~117〕

1 伊波礼毘古《イハレビコ》は新しい都を探すため、九州の高千穂《たかちほ》を出発する。

2 八咫烏《やたがらす》の導きなどにより大和《やまと》に入った伊波礼毘古《イハレビコ》は、初代神武《じんむ》天皇として即位する。

欠史八代《けっしはちだい》

〔➡P122~123〕

3 後継者争いに勝利して即位した2代綏靖《すいぜい》天皇から9代開化《かいか》天皇までは系譜のみが記される。

三輪山《みわやま》の大物主《オホモノヌシ》

〔➡P124~125〕

4 10代崇神《すじん》天皇は疫病をしずめるため、大物主《オホモノヌシ》を三輪山《みわやま》にまつる。

沙本毘売《サホビメ》の悲劇

〔➡P128~129〕

5 11代垂仁《すいにん》天皇の皇后・沙本毘売《サホビメ》が、謀反を起こした兄とともに行動し、自害する。

倭建《ヤマトタケル》の遠征

〔➡P140~147〕

6 倭建《ヤマトタケル》は、父・12代景行《けいこう》天皇から九州の熊曾建《クマソタケル》討伐を命じられる。

7 倭建《ヤマトタケル》は熊曾建《クマソタケル》を殺害して、大和《やまと》に帰還する。

8 休む間もなく東征を命じられた倭建《ヤマトタケル》は、数々の危機を乗り越えて東国を平定する。

9 倭建《ヤマトタケル》は大和《やまと》に帰還する途中、伊吹山の神の怒りを買い、命を落とす。

神功皇后《じんぐうこうごう》の遠征

〔➡P150~153〕

10 14代仲哀《ちゅうあい》天皇の皇后・神功《じんぐう》皇后が神託に従って新羅《しらぎ》遠征を成功させる。

大山守《オホヤマモリ》の反乱

〔➡P156~157〕

11 神功《じんぐう》皇后の孫・大山守《オホヤマモリ》が反乱を起こすが、弟たちに鎮圧される。

神武天皇《じんむてんのう》の東征《とうせい》

ガオオオオオ
なんだ
これは!
ガクッ
頭がくらくら
する…
バタッ
だめだ…
頭が…
ばたっ
伊波《イハ》礼《レ》毘《ビ》古《コ》様!
剣…
ヨロ…
この剣を
抜いてください!
ザッ
さぁ早く!
カッ

グアアアアア
オオオンッ
熊が…
この剣は一体…
その剣は布都御魂《ふつのみたま》！
建御雷神《タケミカヅチノカミ》の剣でございます
おまえは何者だ？
申し遅れました私は高倉下《タカクラジ》と申します
ザッ

実は、私の夢に建御雷神《タケミカヅチノカミ》が現れ天照《アマテラス》様が伊波礼毘古《イハレビコ》様の身を案じておられるのでこの剣をお渡しせよと命じられたのです
私はそのご命令に従い、ここに参りました！
天照《アマテラス》様がこの私を…
剣だけではないですぞ！
われは八咫烏《やたがらす》
天のご命令によりこの先の道案内をいたします
さぁ参りましょう！伊波礼毘古《イハレビコ》様！
天の助けを得た伊波礼毘古《イハレビコ》は大和《やまと》（奈良県）を征圧。そして白檮原宮《かしはらのみや》で初代神武《じんむ》天皇として即位した。

伊波礼毘古《イハレビコ》が兄と東へ向かう
東征《とうせい》の開始

東征の途中で兄が戦死する

邇邇芸《ニニギ》（⬇P90）の子孫の神倭伊《カムヤマトイ》波礼毘古命《ハレビコノミコト》（後の神武《じんむ》天皇）は、日《ひ》向《むか》（南九州）の高千穂《たかちほ》の宮殿で国を治めていたが、「天下を治めるため、東に都の地を求めるのはどうだろう」と兄の五瀬命《イツセノミコト》と相談した。

さっそく、ふたりは日向《ひむか》を出発し、筑紫《つくし》（北九州）へ向かった。その途中、宇沙《うさ》（大分県宇佐市）では土地の者から歓迎を受けた。そこから筑紫の岡田宮《おかだのみや》に一年滞在した後、瀬戸内海に入り、阿岐《あき》（広島県）の多祁《たけ》理宮《りのみや》で七年、吉備《きび》（岡山県）の高島《たかしまの》宮《みや》で八年を過ごした。

やがて一行の船は、白肩《しらかた》の津《つ》（大阪府東大阪市）に着いたが、土地の豪族・那賀須泥毘古《ナガスネビコ》が襲撃してきた。両軍は激しく戦ったが、五瀬《イツセ》の腕に那賀須泥毘古《ナガスネビコ》の放った矢が突き刺さり、重症を負う。

五瀬《イツセ》は、「我々は日の神の子であるのに、日に向かって戦ったのがよくなかった。今からは、日が背になるようにして敵を討とう」と提案し、南方から迂回する作戦を立てる。

五瀬《イツセ》は血沼《ちぬ》の海《うみ》（大阪府）で血を洗ったが、木《き》の国《くに》（和歌山県）の＊男之水門《おのみなと》で傷が悪化し、「賤《いや》しい奴《やっこ》から受けた傷で死んでしまうのか」と、雄叫《おたけ》びして息絶えてしまう。

それでも伊波礼毘古《イハレビコ》は進軍を続け、熊野《くまの》の村《むら》（和歌山県新宮市）に上陸を果たした。

Q&A

伊波礼毘古《イハレビコ》はなぜ東を目指した？

東は、日の神の子が向かうべき方向であるため、日の神・邇邇芸《ニニギ》が現れ、伊波礼毘古《イハレビコ》が東征に出発する場所は、西の辺境・九州に設定された。

人物の紹介

神倭伊波礼毘古命《カムヤマトイハレビコノミコト》
後の神武《じんむ》天皇

五瀬命《イツセノミコト》
伊波礼毘古《イハレビコ》の兄

＊男之水門《おのみなと》／木《き》の国《くに》とあるが、現在の大阪府泉南市と考えられている。

東征開始と兄の死

1 東征の開始

伊波礼毘古《イハレビコ》と、その兄・五瀬《イツセ》は天下を治めるために東に向かうことを決意し、高《たか》千穂《ちほ》を出発した。

2 歓迎される兄弟

兄弟一行は、宇沙《うさ》をはじめ、岡田宮《おかだのみや》、多《た》祁理宮《けりのみや》、高島宮《たかしまのみや》など、訪問する先々で歓迎を受けながら東へ向かう。

3 五瀬《イツセ》の負傷

兄弟一行が白肩《しらかた》の津《つ》に到着したとき、土地の豪族・那賀須泥毘古《ナガスネビコ》が戦いをしかけてきた。五瀬《イツセ》は矢を腕に受けて重傷を負ってしまう。

4 五瀬《イツセ》の死

五瀬《イツセ》は血沼《ちぬ》の海《うみ》で血を洗ったが、男之水《おのみな》門《と》で傷が悪化して亡くなった。

中巻 25

神々が伊波礼毘古《イハレビコ》を危機から救う

八《や》咫《た》烏《がらす》の導き

神から授けられた布都御魂《ふつのみたま》と八咫烏《やたがらす》

熊野《くまの》の村《むら》に上陸した**伊波礼毘古《イハレビコ》**一行の前に大きな熊が姿を現すと、伊《イ》波礼毘古《ハレビコ》ら全員が**意識**を失ってしまう。この熊は、熊野山にすむ荒ぶる神であった。

この危機を救ったのが、**高倉下《タカクラジ》**という豪族だった。高倉下《タカクラジ》は夢に見た神託により、**高天《たかま》の原《はら》**の**建御雷《タケミカヅチ》**（⬇P84）から授けられた大刀《たち》・**布都御《ふつのみ》魂《たま》**を伊波礼毘古《イハレビコ》に献上。すると、伊《イ》波礼毘古《ハレビコ》らは正気に戻り、荒ぶる神を切り倒した。

さらに進もうとすると、**高御産巣《タカミムス》日《ヒ》**（⬇P34）から「これより先に進むな。荒ぶる神がいるので、案内役の*****八咫烏《やたがらす》**を天より送り届けよう」というお告げがあった。

そこで八咫烏《やたがらす》に従って進むと、魚を捕る神・**贄持之子《ニヘモツノコ》**や、尾の生えた神・**井氷鹿《キヒカ》**などが**伊波礼毘古《イハレビコ》**に忠誠を誓うために参上した。

宇陀《うだ》（奈良県宇陀市）に着くと、**兄宇迦斯《エウカシ》**・**弟宇迦斯《オトウカシ》**という兄弟がおり、兄宇迦斯《エウカシ》は伊波礼毘古《イハレビコ》を騙《だま》して暗殺しようと企てた。

しかし、弟宇迦斯《オトウカシ》の密告により兄《エ》宇迦斯《ウカシ》は自らの罠にかけられて殺されてしまう。

さらに一行は、**忍坂《おさか》**（奈良県桜井市）に着いたとき、**土雲《つちぐも》**と呼ばれる土豪たちが待ち受けていたが、伊波《イハ》礼毘古《レビコ》は宴を催して土雲たちを油断させ、**歌**を合図に切り殺した。

Q&A

高倉下《タカクラジ》が神託を授かった理由は？

高倉下《タカクラジ》とは、高い倉を管理する者という意味で、高倉は祭祀場だった。つまり呪術師(シャーマン)であり、このため夢に神が現れたのである。

人物の紹介

神倭伊波礼毘古命《カムヤマトイハレビコノミコト》
後の神武《じんむ》天皇

高倉下《タカクラジ》
熊野の豪族

＊**八咫烏《やたがらす》**／八咫《やた》は大きいという意味。古来、烏は神の使いとされた。

北進する伊波礼毘古《イハレビコ》

1 失神する伊波礼毘古《イハレビコ》

熊の姿をした熊野の荒ぶる神の呪力により、伊波礼毘古《イハレビコ》らは意識を失う。

2 布都御魂《ふつのみたま》の献上

高倉下《タカクラジ》が建御雷《タケミカヅチ》から授けられた大刀《たち》・布都御魂《ふつのみたま》を伊波礼毘古《イハレビコ》に献上すると、伊波礼毘古《イハレビコ》は正気を取り戻し、荒ぶる神を切り倒した。

3 八咫烏《やたがらす》の先導

熊野から北進する伊波礼毘古《イハレビコ》らを案内するため、高御産巣日《タカミムスヒ》から八咫烏《やたがらす》が授けられる。

4 土豪たちを撃破

宇陀《うだ》の兄宇迦斯《エウカシ》や、忍坂《おさか》の土雲《つちぐも》など、荒ぶる土豪たちを策略で倒す。

刀唐櫃《かたなからひつ》 刀を納める箱。

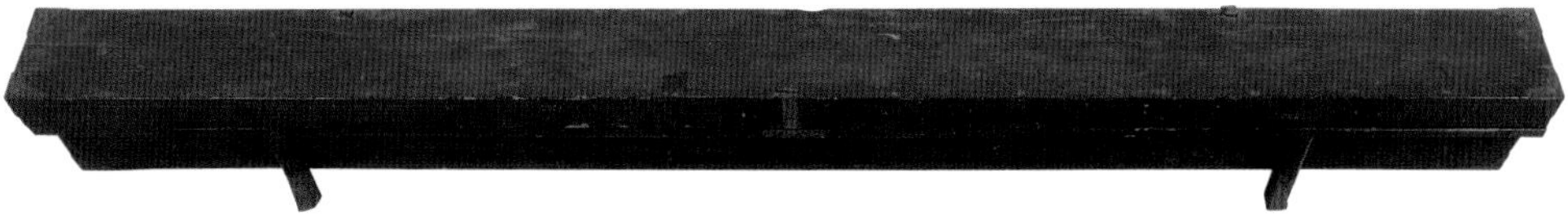

黒漆平文大刀拵《くろうるしひょうもんたちこしらえ》 鞘《さや》と金銅製の金具。

直刀《ちょくとう》 刀身。

写真提供／鹿島神宮

◆韴霊剣《ふつのみたまのつるぎ》（布都御魂《ふつのみたま》）

高倉下《タカクラジ》が伊波礼毘古《イハレビコ》に献上した布都御魂《ふつのみたま》は石上神宮《いそのかみじんぐう》に祭神として、埋め納められた。建御雷神《タケミカヅチノカミ》をまつる鹿島神宮《かしまじんぐう》（➡P83）には、全長2.7mを超える巨大な直刀が、韴霊剣《ふつのみたまのつるぎ》（布都御魂《ふつのみたま》）として伝えられている。

伊波礼毘古《イハレビコ》が大和《やまと》で即位する
神《じん》武《む》天《てん》皇《のう》の即位

人物の紹介

神武《じんむ》天皇
伊波礼毘古《イハレビコ》。初代天皇

伊須気余理比売《イスケヨリヒメ》
神武《じんむ》天皇の皇后

那賀須泥毘古《ナガスネビコ》を倒し天皇として即位

大和《やまと》（奈良県）平定が目前に迫った**伊波礼毘古《イハレビコ》**は、兄・**五瀬命《イツセノミコト》**の仇である**那賀須泥毘古《ナガスネビコ》**に戦いを挑むことになり、「**撃《う》ちてし止《や》まむ**（撃ち取ってしまおうぞ）」と歌に詠んで勇気を奮い立たせ、見事に兄の仇を取った。

そんなある日、伊波礼毘古《イハレビコ》のもとに、**邇芸速日命《ニギハヤヒノミコト》**が参上し、「**高天《たかま》の原《はら》**の御子《みこ》が天降ったと聞きましたので、後を追って参りました」と話し、神であることを示す天の宝物を献上して臣下になることを申し出た。

邇芸速日《ニギハヤヒ》は、那賀須泥毘古《ナガスネビコ》の妹と結婚して、**物部氏《もののべうじ》**の祖先を生むことになる。

こうして、荒ぶる神々や逆らう土豪らをすべて従えた伊波礼毘古《イハレビコ》は、**畝火《うねび》**（畝傍山《うねびやま》の麓）に**白檮原宮《かしはらのみや》**を造営し、**初代天皇**（**神武《じんむ》天皇**）として天下を治めることになった。

神武《じんむ》天皇は、高千穂《たかちほ》にいたとき**阿比良比売《アヒラヒメ》**と結婚し、**多芸志美美命《タギシミミノミコト》**を生んでいた。しかし、即位後、皇后を探すことにした。

そこで見つかったのが、三輪山《みわやま》の神・**大物主《オオモノヌシ》**（➡P78）と、**＊勢夜陀《セヤダ》多良比売《タラヒメ》**との間に生まれた**伊須気余理比売《イスケヨリヒメ》**だった。

天皇からの求婚を受け入れ、皇后となった彼女は**日子八井命《ヒコヤヰノミコト》**、**神八井耳命《カムヤヰミミノミコト》**、**神沼河耳命《カムヌナカハミミノミコト》**の三人の男子を生んだのである。

Q&A 宿敵を倒した経緯は？

古事記では、那賀須泥毘古《ナガスネビコ》が倒された経緯について、ほとんど触れられていない。これは那賀須泥毘古《ナガスネビコ》を祖先とする物部氏《もののべうじ》に配慮したためといわれる。

＊**勢夜陀多良比売《セヤダタラヒメ》**／陀多良《ダタラ》はたたら製鉄を示すとされ、製鉄者集団出身と思われる。

東征の完遂

1 那賀須泥毘古《ナガスネビコ》を討伐

伊波礼毘古《イハレビコ》は、兄の仇であった那賀須泥毘古《ナガスネビコ》を討ち取る。

2 邇芸速日《ニギハヤヒ》の服属

天から降りてきた邇芸速日《ニギハヤヒ》が伊波礼毘古《イハレビコ》のもとに参上して仕える。

3 初代天皇として即位

抵抗する神や土豪たちを平定した伊波礼《イハレ》毘古《ビコ》は、畝火《うねび》に白檮《かし》原宮《はらのみや》を造営し、天皇として即位し(神武《じんむ》天皇)、天下を治めた。

4 伊須気余理比売《イスケヨリヒメ》との結婚

神武《じんむ》天皇は、大物主《オホモノヌシ》の娘・伊須気余理比《イスケヨリヒ》売《メ》を皇后とした。

伊波礼毘古《イハレビコ》の東征ルート

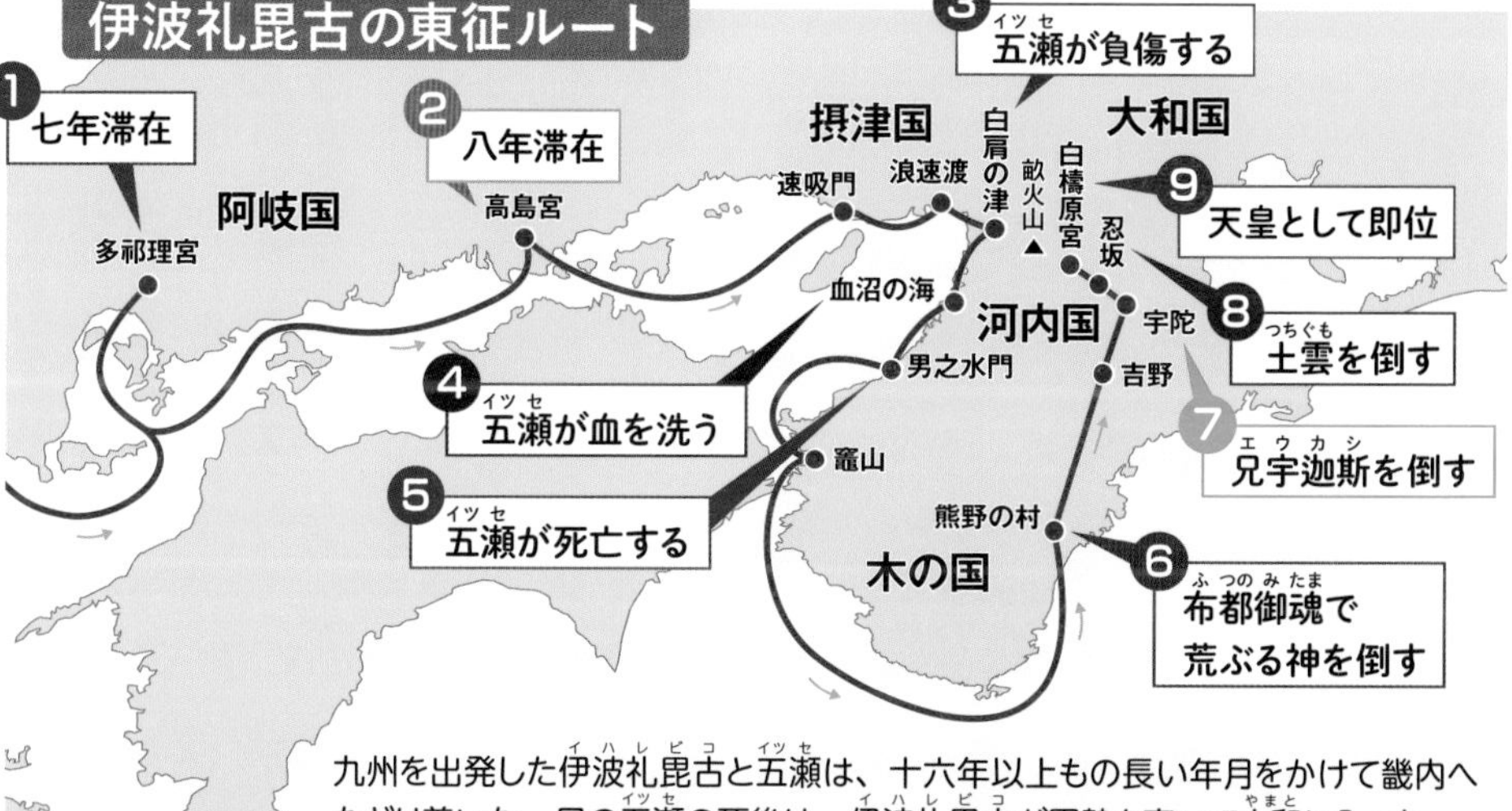

九州を出発した伊波礼毘古《イハレビコ》と五瀬《イツセ》は、十六年以上もの長い年月をかけて畿内へたどり着いた。兄の五瀬《イツセ》の死後は、伊波礼毘古《イハレビコ》が軍勢を率いて大和《やまと》に入った。

天皇の紹介

神《じん》武《む》天《てん》皇《のう》

別名 神倭伊波礼毘古命《カムヤマトイハレビコノミコト》

父神 天津日高日子波限建鵜葺草葺不合命《アマツヒタカヒコナギサタケウカヤフキアヘズノミコト》

神武天皇をまつる神社

◇橿原神宮（奈良県橿原市）（⬇P120）
◇宮崎神宮（宮崎県宮崎市）
◇寶登山神社（埼玉県長瀞町）
◇向日神社（京都府向日市）
◇多家神社（広島県府中町）

東征《とうせい》を成功させて初代天皇となる

神武《じんむ》天皇の名は、**神倭伊波礼毘《カムヤマトイハレビ》古命《コノミコト》**で、日本書紀では、**神日本磐余《カムヤマトイハレ》彦尊《ヒコノミコト》**と記されている。「神武《じんむ》」とは、死後に贈られた中国風の名である。

父は**邇邇芸《ニニギ》**の孫・**天津日高日子《アマツヒタカヒコ》波限建鵜葺草葺不合命《ナギサタケウカヤフキアヘズノミコト》**で、母親は**玉依毘売《タマヨリビメ》**。ふたりには**五瀬命《イツセノミコト》**、**稲氷《イナヒノ》命《ミコト》**、**御毛沼命《ミケヌノミコト》**、**若御毛沼命《ワカミケヌノミコト》**の四人の男子が生まれ、若御毛沼《ワカミケヌ》の別名が神《カム》倭伊波礼毘古命《ヤマトイハレビコノミコト》なのである。

日向《ひむか》（南九州）の高千穂を治めていた伊波礼毘古《イハレビコ》は、兄・**五瀬《イツセ》**とともに**東征《とうせい》**を開始する。

順調に**大和《やまと》**（奈良県）に近づいた伊波礼毘古《イハレビコ》軍であったが、**那賀須泥毘古《ナガスネビコ》**の攻撃で五瀬《イツセ》が**戦死**するなど、大きな痛手を受ける。次に熊野《くまの》から北上を目指すが、熊の神の毒気によって失神するなど、危機的な状況を迎える。

これを救ったのが、天上の神から贈られた**霊剣**や、遣わされてきた**八《や》咫烏《たがらす》**であった。

伊波礼毘古《イハレビコ》軍が天上の神々の助けを得て敵対する神々を降していくと、魚を捕る神や、尾の生えた神などが、

神武《じんむ》天皇像（奈良県上北山村）
日本書紀では、那賀須泥毘古《ナガスネビコ》との戦いで、伊波《イハ》礼毘古《レビコ》の弓に金色に輝く金鵄《きんし》が止まり、敵の目をくらませたという。写真の鳥は金鵄《きんし》で、八咫《やた》烏《がらす》としばしば混同される。

八咫烏《やたがらす》を見つめる伊波礼毘古《イハレビコ》

高天《たかま》の原《はら》の高御産巣日神《タカミムスヒノカミ》は、熊野から北上する伊波礼毘古《イハレビコ》のもとに、案内役として八《や》咫烏《たがらす》を送った。熊野から大和《やまと》に入る過程で伊波礼毘古《イハレビコ》に協力する大伴氏や久米氏は、天皇の即位式である大嘗祭《だいじょうさい》に関わる氏族である。このため、東征神話には朝廷儀礼との関連性も指摘されている。

写真提供／ユニフォトプレス

忠誠を誓うために参上してきた。これらは、熊野の土豪たちが服従したことを示すという。

奈良盆地に入った後、**兄《エ》宇迦斯《ウカシ》**や**土雲《つちぐも》**などの土豪を破った伊波礼毘古《イハレビコ》軍は、兄の仇・**那賀須泥毘古《ナガスネビコ》**との決戦に勝利。

こうして大和《やまと》に入った伊《イ》波礼毘古《ハレビコ》は**白檮原宮《かしはらのみや》**を造営し、初代天皇として即位したという。

この**神武《じんむ》東征**は、歴史的事実を反映しているというより、**辺境**の地の山頂に降臨した始祖神が、苦難の遠征の末に王都に入るという、**北方系建国神話**の構造に沿ったものと考えられる。

つまり、初代天皇が神の子孫であることを明記することで、天皇家が**ヤマト政権**に君臨する**正統性**を主張しているのである。

古代の宮は、ただの天皇の住居でなく、**神殿**でもあり、**祭場**でもあった。現在、神武《じんむ》天皇の宮があった場所は**橿原神宮《かしはらじんぐう》**（⬇P120）となっている。

137歳で崩御した神武《じんむ》天皇は、畝傍山《うねびやま》の北に葬られたという。現在、橿原神宮の北隣には、**神武《じんむ》天皇陵**とされる陵墓がある。

橿《かし》原《はら》神《じん》宮《ぐう》

神武《じんむ》天皇をまつる

創建年
一八九〇年

所在地
奈良県橿原市久米町九三四

橿原《かしはら》神宮は、伊波礼毘古《イハレビコ》が**白檮《かし》原宮《はらのみや》**を造営し、第一代**神武《じんむ》天皇**として即位した場所に建つ。明治時代、民間有志の請願を受けた**明治天皇**により、京都御所の内侍所《ないしどころ》（賢所《かしこどころ》）と神嘉殿《しんかでん》を移築して創建された。賢所《かしこどころ》は本殿とされ、神嘉殿《しんかでん》は創建当初、拝殿とされている。神武《じんむ》天皇とともに、**媛蹈鞴《ヒメタタラ》五十鈴《イスズ》媛皇后《ヒメコウゴウ》**がまつられている。

◇内拝殿・神武天皇祭

内拝殿（写真上）は、一年の中で最も重要な祭典である紀元祭《きげんさい》をはじめ、多くの祭典が執り行われ、内拝殿前の外院斎庭《げいんのゆにわ》は広さが約3200㎡ある。**神武天皇祭**（写真下）は神武天皇崩御日である４月３日に行われ、宮中や神武天皇陵のほか全国の各神社でも祭典等が執り行われる。

◇外拝殿

外拝殿は、両脇に長い廻廊を連ねた入母屋造り。背景に見えるのは畝傍山。

写真提供／橿原神宮

布《ふ》都《つの》御《み》魂《たま》をまつる

石《いその》上《かみ》神《じん》宮《ぐう》

創建年
崇神《すじん》天皇七年

所在地
奈良県天理市布留町三八四

石上《いそのかみ》神宮は、日本最古の神社のひとつで、祭神は**布都御魂大神《ふつのみたまのおおかみ》**と呼ばれる**建御雷神《タケミカヅチノカミ》**の霊剣である。東征中《とうせいちゅう》の**神武《じんむ》天皇**が危機に陥った際、天より授けられた。**大和《やまと》**（奈良県）を平定した神武《じんむ》天皇は、この剣を宮中にまつった。そして**崇神《すじん》天皇**の時代、**物部氏《もののべうじ》**の祖先によって現在の地にまつられたのが起源とされる。

写真提供／石上神宮

◇楼門・出雲武雄《いずもたけお》神社

楼門（写真上）は、入母屋造《いりもやづくり》（切妻造《きりづまづくり》の四方に庇《ひさし》がつく様式）で、鎌倉時代末期の建立である。**出雲武雄《いずもたけお》神社**（写真下）は、石上《いそのかみ》神宮の境内にある摂社《せっしゃ》で、草《くさ》薙《なぎ》の剣《つるぎ》の荒魂《あらみたま》である出雲建雄神《イズモタケオノカミ》をまつっている。

◇拝殿

鎌倉時代初期の建立。現存する拝殿のなかで日本最古といわれる。

中巻 27

綏靖《すい》《ぜい》天皇《てん》《のう》の即位

神沼河耳《カムヌナカハミミ》が後継者争いに勝利する

多芸志美美《タギシミミ》を倒して2代天皇となる

神武《じんむ》天皇の死後、最年長の子・**多芸志美美《タギシミミ》**は、神武《じんむ》天皇の皇后だった**伊須気余理比売《イスケヨリヒメ》**を妻にした。そして、伊須気余理比売《イスケヨリヒメ》の子である＊**日子八井《ヒコヤヰ》**、**神八井耳《カムヤヰミミ》**、**神沼河耳《カムヌナカハミミ》**の三人の異母弟たちを殺害する計画を立てた。

伊須気余理比売《イスケヨリヒメ》は悩み苦しんだ末、三人の子たちに、陰謀を知らせる。

自分たちの危機を悟った三人は驚き、多芸志美美《タギシミミ》の殺害を決意。神八《カムヤ》井耳《ヰミミ》は、弟の神沼河耳《カムヌナカハミミ》から、「兄上、あなたが多芸志美美《タギシミミ》を殺してください」と言われ、**武器**を持って部屋に忍び込んだが、手足がふるえて殺せなかった。そこで、神沼河耳《カムヌナカハミミ》は、兄から武器をもらい受け、部屋に忍び込んで多芸志美美《タギシミミ》を殺した。

神八井耳《カムヤヰミミ》は、「私は仇を殺せず、あなたが仇を殺した。私は兄であるが、上に立つべきでない。あなたが天下を治めてくれ」と言い、弟に**皇位継承権**を譲ることにした。

こうして神沼河耳《カムヌナカハミミ》は、神武《じんむ》天皇を継いで、2代**綏靖天皇《すいぜい》**として即位した。また、日子八井《ヒコヤヰ》、神八井耳《カムヤヰミミ》は、朝廷に仕える氏族たちの祖先となったのである。

Q&A 実在が疑われる欠史八代《けっしはちだい》とは？

古事記には、2代綏靖《すいぜい》天皇から9代開化《かいか》天皇までについて、系譜のほかに伝承はなく、宮や陵墓の場所なども記されていない。このため、この8代の天皇は創作されたものと考えられており、「欠史八代《けっしはちだい》」と呼ばれている。

欠史八代からは、古代の氏族や豪族の関係などを知ることができる。また、欠史八代の陵墓は、葛城《かずらき》地方（奈良盆地南西部）に集中しているため、この地を支配していた豪族・葛城氏《かずらきうじ》が創作に関与したという説がある。

人物の紹介

神沼河耳命《カムヌナカハミミノミコト》
2代綏靖《すいぜい》天皇

多芸志美美命《タギシミミノミコト》
神武《じんむ》天皇の長子

＊**日子八井《ヒコヤヰ》**／伊須気余理比売《イスケヨリヒメ》が生んだ三人兄弟の長兄だが、ほぼ登場しない。

皇位継承をめぐる争い

1 伊須気余理比売《イスケヨリヒメ》の再婚

神武《じんむ》天皇の死後、多芸志美美《タギシミミ》は、父の皇后だった伊須気余理比売《イスケヨリヒメ》と結婚し、彼女の生んだ三人兄弟の殺害を計画する。

2 多芸志美美《タギシミミ》を殺害

母から陰謀を知らされた三人のうち、末弟の神沼河耳《カムヌナカハミミ》が多芸志美美《タギシミミ》を殺害する。

3 綏靖《すいぜい》天皇の即位

神沼河耳《カムヌナカハミミ》が神武《じんむ》天皇の後継者として即位し、綏靖《すいぜい》天皇となる。

4 欠史八代

2代綏靖《すいぜい》天皇から、9代開化《かいか》天皇までの系譜が記されるが、実在が疑われている。

古事記に記された欠史八代の享年

2代	綏靖《すいぜい》天皇	(享年45)
3代	安寧《あんねい》天皇	(享年49)
4代	懿徳《いとく》天皇	(享年45)
5代	孝昭《こうしょう》天皇	(享年93)
6代	孝安《こうあん》天皇	(享年123)
7代	孝霊《こうれい》天皇	(享年106)
8代	孝元《こうげん》天皇	(享年57)
9代	開化《かいか》天皇	(享年63)

崇神《すじん》天皇が疫病をしずめる 三《み》輪《わ》山《やま》の大《オホ》物《モノ》主《ヌシ》

大物主《オホモノヌシ》をまつり疫病をしずめる

10代**崇神天皇**《すじん》の治世に**疫病**が流行して多くの人が亡くなった。

心を痛めていた天皇は、神の教えを聞くために＊**神牀**《かむどこ》に入ると、夢に**大物主神**《オホモノヌシノカミ》（➡P78）が現れ、「疫病は私が起こしたものだ。**意富多多泥**《オホタタネ》**古**《コ》という者に私をまつらせると、疫病はしずまるだろう」と告げる。

そこで、天皇が意富多多泥古《オホタタネコ》を探し出して朝廷に呼び出し、「そなたは誰の子か」とたずねたところ、「私は大物主《オホモノヌシ》と**活玉依毘売**《イクタマヨリビメ》の子孫である」と答えた。天皇は、「これで天下は穏やかになる」と喜び、意富多多泥《オホタタネ》古《コ》を神主として、**三輪山**《みわやま》に大物主《オホモノヌシ》をまつらせた。すると疫病はしずまり、国中が平穏になった。

意富多多泥古《オホタタネコ》は、次のようなことで神の子孫であることがわかった。

美しい活玉依毘売《イクタマヨリビメ》のところへ、毎夜通ってくる男がいた。ふたりは愛し合ううちに、娘は身籠《みごも》ってしまう。

男の素性を知るため、娘は**糸巻**《いとまき》に巻いた**麻糸**の端につけた**針**を、やってきた男の衣の裾《すそ》にこっそりと刺した。翌朝、男の姿はなかったが、針をつけた麻糸は、**鍵穴**を通り抜けて外に出ていた。

抜け出た糸をたぐって行くと、三《み》輪山《わやま》の社《やしろ》にたどり着く。男は大物主《オホモノヌシ》だったのである。

こうして生まれた神の子の子孫が意富多多泥古《オホタタネコ》だったのである。

Q&A なぜ大物主《オホモノヌシ》は祟《たた》りを起こした？

三輪山の大物主《オホモノヌシ》が祟りを起こすのは、ヤマト政権が在地勢力を従えていく過程における緊張関係の反映であると考えられる。

人・神の紹介

崇神天皇《すじん》
10代天皇

大物主神《オホモノヌシノカミ》
三輪山《みわやま》の神

＊**神牀**《かむどこ》／神のお告げを聞くために祓い清めた聖なる場所。

大物主《オホモノヌシ》と活玉依毘売《イクタマヨリビメ》

1 夢に現れる大物主《オホモノヌシ》

疫病の流行に悩んでいた崇神《すじん》天皇が神に祈願すると、夢に大物主《オホモノヌシ》が現れ、「疫病は私が起こした。意富多多泥古《オホタタネコ》に私をまつらせよ」と告げる。

2 大物主《オホモノヌシ》をまつる

崇神《すじん》天皇が意富多多泥古《オホタタネコ》を探し出すと、大物主《オホモノヌシ》の子孫であった。意富多多泥古《オホタタネコ》に大物主《オホモノヌシ》を三輪山《みわやま》にまつらせると、疫病はしずまり、国中が平穏になった。

3 美しき活玉依毘売《イクタマヨリビメ》

意富多多泥古《オホタタネコ》の祖先である活玉依毘売《イクタマヨリビメ》は美しい女性で、毎夜通ってくる男性がいた。やがて活玉依毘売《イクタマヨリビメ》は妊娠する。

4 三輪山にたどり着いた糸

男の素性を知るため、男の衣に糸巻に巻いた麻糸をつけると、翌朝、男は消えて、糸巻には三巻(三輪《みわ》)しか糸が残っていなかった。糸をたどると、三輪山《みわやま》にたどり着いた。

中巻 29

諸国を平定する崇神《すじん》天皇

建《タケ》波《ハ》邇《ニ》安《ヤス》の反逆

建波邇安《タケハニヤス》の反逆を暗示した少女の歌

天下平定を目指す**崇神天皇**《すじん》は、**大毘古命**《オホビコノミコト》（8代孝元《こうげん》天皇の子）を**高志**《こし》**の道**《みち》（北陸地方）に、その子・**建沼河別命**《タケヌナカハワケノミコト》を東方の十二国に派遣。また、**日子坐王**《ヒコイマスノミコ》（9代開化《かいか》天皇の子）を**旦**《たに》**波**《は》**の国**《くに》（丹波地方）に遣わした。

大毘古《オホビコ》が高志《こし》に向かって旅立ったとき、不思議な**乙女**に出会う。

乙女は「**御真木入日子**《ミマキイリビコ》（崇神《すじん》天皇）は命を狙われている」と歌っていた。

大毘古《オホビコ》は乙女に意味をたずねたが、乙女は「私は、ただ歌っていただけ」と答えると、ふっと姿を消してしまった。

大毘古《オホビコ》が都に戻って報告すると、天皇は、「あなたの異母兄である**建波邇安王**《タケハニヤスノミコ》の反逆を暗示したものであろう」と言い、「伯父上、すぐさま軍勢を整えて討伐してください」と命じた。

討伐に向かった大毘古《オホビコ》軍は、**和訶羅河**《わからがわ》（木津川《きづがわ》）を挟んで建波邇安《タケハニヤス》軍と対面。お互いに矢を射ると、建波邇安《タケハニヤス》は**戦死**。すると、建波邇安《タケハニヤス》軍の兵士たちは散り散りになり、次々と斬り殺されていった。

その後、大毘古《オホビコ》は高志《こし》を平定し、**相津**《あいづ》（福島県会津若松市）で、十二国を平定した建沼河別《タケヌナカハワケ》と**再会**した。天下は泰平となり、こうして崇神《すじん》天皇は＊**初国知らし御真木天皇**《ハツクニシミマキノスメラミコト》と称えられたのである。

人物の紹介

大毘古命《オホビコノミコト》
8代孝元《こうげん》天皇の子

建波邇安王《タケハニヤスノミコ》
大毘古《オホビコ》の異母兄

Q&A 崇神《すじん》天皇は初代天皇か？

日本書紀において神武《じんむ》天皇は「始馭天下之天皇《ハジメテアメノシタシラススメラミコト》」と記され、古事記では崇神《すじん》天皇が「初国知らし御真木天皇《ハツクニシラシミマキノスメラミコト》」と記されている。崇神《すじん》天皇は、最初に国家体制を整えた天皇として位置付けられている。

＊**初国知らし**《ハツクニシ》／「初めて国を統治なされた」という意味。

建波邇安《タケハニヤス》の反逆

1 不吉な歌を歌う乙女

高志《こし》に向かう大毘古《オホビコ》は、「崇神《すじん》天皇の命が狙われている」と歌う不思議な乙女に出会う。大毘古《オホビコ》が都に戻って天皇に報告すると、「建波邇安《タケハニヤス》の反逆を暗示したもの」と言われる。

2 建波邇安《タケハニヤス》の戦死

討伐を命じられた大毘古《オホビコ》は、山代《やましろ》の国(京都府)に向かい、建波邇安《タケハニヤス》の軍勢と対峙する。建波邇安《タケハニヤス》が矢を受けて戦死すると、建波邇安《タケハニヤス》軍の兵士たちは散り散りとなり、次々と殺されていった。

崇神《すじん》天皇の諸国平定

崇神《すじん》天皇が諸国を平定したことにより、人民の生活は豊かになり、男性は狩りで得た獲物を、女性は手で織った織物などを貢納することになった。これが徴税のはじまりとされる。

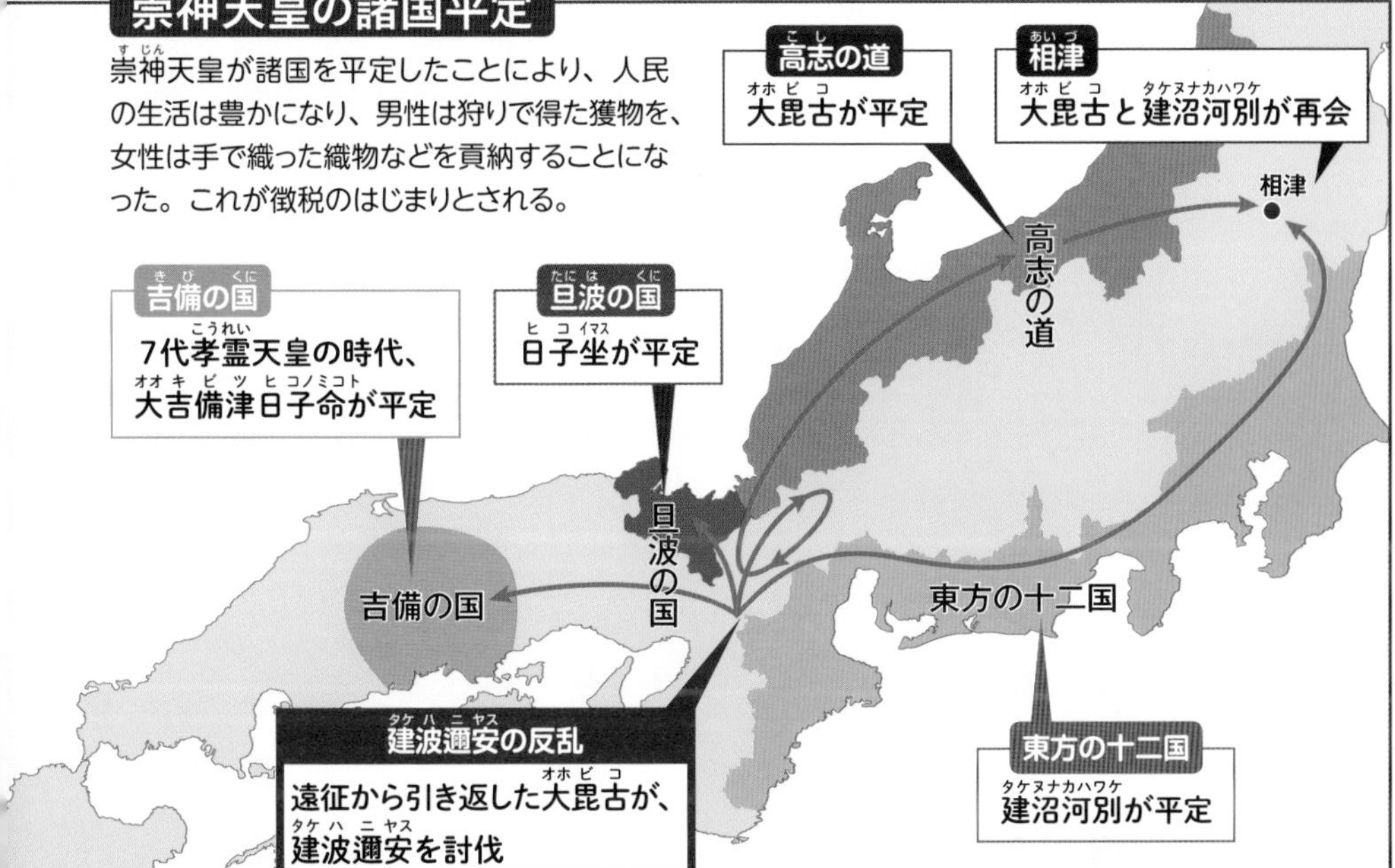

中巻 30

御子《みこ》を残して炎の中で自害する 沙本毘売《サホビメ》の悲劇

人物の紹介

沙本毘売《サホビメ》
垂仁《すいにん》天皇の皇后

垂仁《すいにん》天皇
11代天皇

愛する皇后を救えなかった垂仁《すいにん》天皇

11代**垂仁《すいにん》天皇**の皇后・**沙本毘売《サホビメ》**は、兄・**沙本毘古王《サホビコノミコ》**と仲がよかった。ある日、沙本毘古《サホビコ》が「夫と自分のどちらが愛《いと》しいか」とたずねたところ、沙本毘売《サホビメ》は兄だと答えた。

そこで沙本毘古《サホビコ》は「本当に兄を愛《いと》しいと思うならば、ふたりで天下を取ろう」といい、「天皇を刺し殺しなさい」と、沙本毘売《サホビメ》に**小刀**を渡した。

沙本毘売《サホビメ》は自分の**膝《ひざ》を枕**にして天皇が寝ているとき、小刀を三度振り上げたが刺すことができず、あふれ出る**涙**が天皇の顔に落ちた。驚いて起きた天皇が訳をたずねると、沙本《サホ》毘売《ビメ》は兄の企みを打ち明ける。

謀反を知った天皇は、沙本毘古《サホビコ》が立てこもる＊**稲城《いなき》**に**軍勢**を差し向けたが、沙本毘売《サホビメ》が密かに駆け込んだため、攻めあぐねてしまう。

戦いが停滞している間に、沙本毘《サホビ》売《メ》は天皇の**御子《みこ》**を出産。沙本毘売《サホビメ》から、「天皇の子として、引き取ってほしい」と頼まれた天皇は、御子を受け取る兵士に、「沙本毘売《サホビメ》を捕らえて、御子と一緒に連れ戻せ」と命じたが、失敗に終わってしまう。

天皇は沙本毘売《サホビメ》に「**御子の名**をどうするか」と呼びかけて時間を稼いだが、沙本毘売《サホビメ》の気持ちは変わらなかった。

覚悟を決めた天皇は攻撃を開始。**燃え盛る炎**の中で、沙本毘古《サホビコ》は戦死し、沙本毘売《サホビメ》も自害した。

Q&A なぜ沙本毘売《サホビメ》は兄に従ったのか？

妻問《つまど》い婚だった古代日本では、子は母が命名・養育する母系社会だった。この物語から、天皇家の父系制と、従来の母系制の対立を読み取れる。

＊**稲城《いなき》**／稲束を積み重ねて築いた簡易的な城砦。

死を選んだ沙本毘売《サホビメ》

どうして殺すことなどできましょうか

1 天皇暗殺に失敗

兄の沙本毘古《サホビコ》から垂仁《すいにん》天皇の暗殺を命じられた沙本毘売《サホビメ》は実行できないまま、兄の陰謀を天皇に打ち明ける。

2 天皇の御子を出産

天皇が沙本毘古《サホビコ》の稲城《いなき》に軍勢を送ると、沙本毘売《サホビメ》も兄のもとに駆け込む。沙本毘《サホビ》売《メ》は城中で天皇の御子を出産する。

3 兵士から逃れる沙本毘売《サホビメ》

天皇は兵士に、御子を受け取った後、沙《サ》本毘売《ホビメ》を捕らえるよう命じたが、沙本毘《サホビ》売《メ》は髪を剃ってカツラをかぶり、腐らせた衣服を身にまとっていたので、兵士たちは捕まえられなかった。

御子の名は何とつければよいか？
炎の中で生まれるから「本牟智和気御子《ホムチワケノミコ》」と名付けてください

4 御子の名を聞く天皇

あきらめきれない天皇は、沙本毘売《サホビメ》に御子の名や養育方法をたずねるが、沙本毘《サホビ》売《メ》の気持ちは変わらなかった。ついに天皇は攻撃を開始し、沙本毘売《サホビメ》は兄に従って炎の中で自害した。

崇《たた》りをもたらす出雲《いずも》の大神
本牟智和気《ホムチワケ》の旅

人物の紹介

本牟智和気御子《ホムチワケノミコ》
垂仁《すいにん》天皇の子

肥長比売《ヒナガヒメ》
肥《ひ》の河《かわ》の女神

崇《たた》りによって話せなかった御子《みこ》

垂仁《すいにん》天皇と**沙本毘売《サホビメ》**との間に生まれた御子《みこ》は、**本牟智和気御子《ホムチワケノミコ》**と名付けられたが、成人しても**口が利けなかった**。ところが、空を飛ぶ**白鳥**を見て、初めて声を発したため、天皇は**山辺之大鶙《ヤマノベノオホタカ》**に、「あの白鳥を捕まえよ」と命じた。

山辺之大鶙《ヤマノベノオホタカ》は**木の国《くに》**（和歌山県）から**稲羽《いなば》の国《くに》**（鳥取県）へ向かい、さらに北へ進み、ついに**高志《こし》の国《くに》**（新潟県）の**和那美《わなみ》の水門《みなと》**で白鳥を捕らえた。しかし、この白鳥を見ても、本牟智和気《ホムチワケ》はしゃべらなかった。

そんなとき、天皇の夢の中に**神**が現れ、「私の**神殿**を、天皇の宮殿のようにつくるならば、御子は必ず物を言えるようになるだろう」と告げたのである。

占いにより、この神が＊**出雲《いずも》の大神**だとわかると、本牟智和気《ホムチワケ》は**出雲《いずも》**に派遣された。参拝を終えた本牟智和気《ホムチワケ》は、言葉を話すようになる。驚いた従者らは急いで都に戻り、報告を受けた天皇は大喜びした。

さて、出雲《いずも》に残っていた本牟智和気《ホムチワケ》は**肥長比売《ヒナガヒメ》**と一夜を共にした。ところが、この娘の正体は**蛇**であった。と本牟智和気《ホムチワケ》は、恐れて逃げ出すが、悲しみ怒る娘は追いかけてきた。ますます恐れた本牟智和気《ホムチワケ》は、山を越えて逃げ、天皇に復命した。天皇はお告げのとおり、出雲《いずも》の**神殿**を立派につくり直したのである。

Q&A 肥長比売《ヒナガヒメ》は何者なのか？

正体が蛇という肥長比売《ヒナガヒメ》は、その名から、肥《ひ》の河《かわ》（斐伊川《ひいがわ》）の女神（蛇神）と考えられる。八俣《ヤマタ》の大蛇《ヲロチ》も、肥《ひ》の河《かわ》を象徴するものであった。

＊**出雲《いずも》の大神**／出雲大社《いづもおおやしろ》の祭神である大国主神《オオクニヌシノカミ》。

本牟智和気《ホムチワケ》をめぐる旅

1 口の利けない御子《みこ》

垂仁《すいにん》天皇の御子《みこ》・本牟智和気《ホムチワケ》は、成人しても口が利けなかった。ところが、空を飛ぶ白鳥を見て、声を発する。

2 白鳥を追う山辺之大鶙《ヤマノベノオホタカ》

天皇の命令によって、山辺之大鶙《ヤマノベノオホタカ》は白鳥を追い、和那美《わなみ》の水門《みなと》で捕らえる。しかし白鳥を見ても、本《ホ》牟智和気《ムチワケ》はしゃべれなかった。

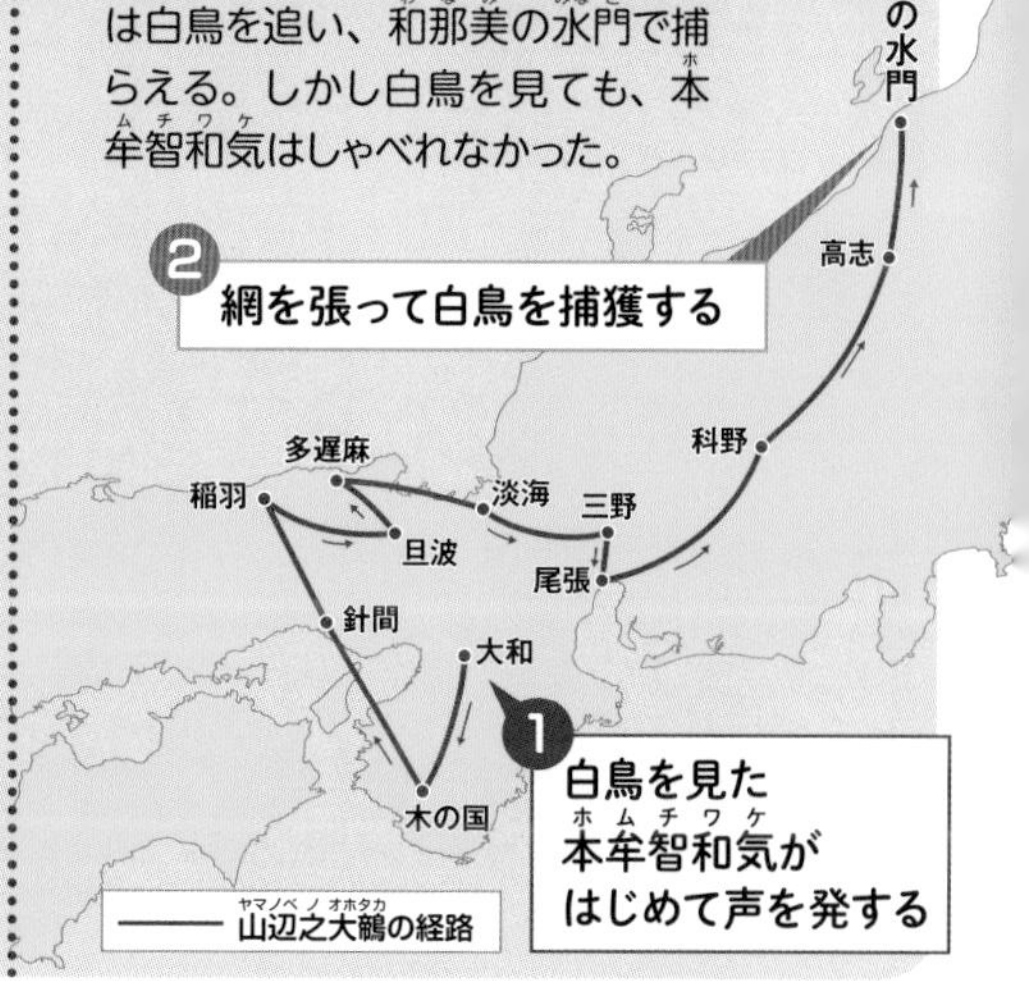

3 出雲《いずも》に参拝する本牟智和気《ホムチワケ》

神のお告げを受けた天皇は、本牟智和気《ホムチワケ》を出雲大社《いづもおおやしろ》に参拝させる。すると、口が利けるようになった。

4 肥長比売《ヒナガヒメ》との契り

本牟智和気《ホムチワケ》が一夜を共にした肥長比売《ヒナガヒメ》の正体は蛇だった。本牟智和気《ホムチワケ》は逃げ出して都に戻った。

倭建《ヤマトタケル》の西征《せいせい》
景行《けいこう》天皇の皇子
小碓命《ヲウスノミコト》は
熊曾建《クマソタケル》兄弟を
倒すため
九州へと
派遣された。
ワハハハ
今夜は騒がしいな
宴《うたげ》のようです
手伝いの女どもが
大勢集められて
おりました
小碓命《ヲウスノミコト》
敵の館の守りは
一向にゆるむ気配が
ありません
敵も警戒して
いるようだな
ふーん…
よし…
いい考えがある
ニヤ
ワハハハ
さあ
もっと酒を
もて!
弟建《オトタケル》
兄建《エタケル》

ザッ
ザッ
そこの娘
近う寄れ!
コクッ
ほう
こんなに美しい
娘がいたとは…
もっと顔を…
!

クッ
クッ
お…おのれは…
女だと思って油断したな!
逃げろっ!
ワー

ああああ
逃がさぬぞ
弟建《オトタケル》！
はぁ
はぁ
そ…そなた
何者だ…
倭《やまと》の天皇の皇子
小碓命《ヲウスノミコト》だ
はぁ
はぁ
われらの
負けだ…小碓命《ヲウスノミコト》…
これからは…そなたが
「健《タケル》」を名乗るがいい…
はぁ
今日よりそなたは…
倭建命《ヤマトタケルノミコト》だ
このときから
小碓命《ヲウスノミコト》は「倭建命《ヤマトタケルノミコト》」と
名乗るようになった。

倭建《ヤマトタケル》の東征《とうせい》
西征《せいせい》から帰還後、すぐに倭建命《ヤマトタケルノミコト》は天皇から東征《とうせい》の命を受けた。
父上は私に死んでほしいのでしょう…
今回はろくな軍も与えずに東国をしずめよと…
案ずることはありません
この神器の剣と火打石の入った袋を持っていきなさい
必ずあなたの助けになりますよ
倭建命《ヤマトタケルノミコト》の叔母 倭比売命《ヤマトヒメノミコト》
倭比売《ヤマトヒメ》様…
東征に向かった倭建《ヤマトタケル》は各地を征圧しながら相武《さがむ》(神奈川県)までたどり着いた。
これは倭《やまと》の皇子様! ようこそおいでくださいました!
私はこの国を治める国造《くにのみやつこ》です この地に倭《やまと》の天皇に逆らう者はおりません
ただ…
何だ?

この草原の先にある
沼にとても凶暴な
神がおりまして
その神が
何というか…
わかった
私が行って
話してみよう
お願いします
おかしいな
沼などない
ではないか
ザッ
ザッ
大変です！
ゴオオオオ…
火をかけ
られました！
これは罠《わな》です！

ゴオオオオオ
だめだ！逃げ場がない！
私が周りの草を斬る！
その先に火をつけろ！
ポンッ
ザザッ
こんな所で…
死ぬものかぁぁ！
ズバァアア
カッ
つけろぉ！

ゴォオオオ
すっかり焼け野原だ
あいつらも焼け死んだだろう
あっ あれは…!
ザッ
ザッ
ザッ
…まさか!
迫りくる火に対し逆にこちらから火を放って消し止める…
「向火《むかいび》」だ!
スル…
国造《くにのみやつこ》らは倭建《ヤマトタケル》によって皆殺しにされ、相武《さがむ》の国はしずめられた。

中巻 32

小碓《ヲウス》は熊曾建《クマソタケル》討伐を命じられる

倭建《ヤマトタケル》の西征《せいせい》

人物の紹介

小碓命《ヲウスノミコト》
景行《けいこう》天皇の子。倭建命《ヤマトタケルノミコト》

大碓命《オホウスノミコト》
小碓《ヲウス》の兄

景行《けいこう》天皇
12代天皇

父を恐れさせた小碓《ヲウス》の暴虐な資質

垂仁《すいにん》天皇を継いだ12代**景行《けいこう》天皇**の子に、**大碓命《オホウスノミコト》**、**小碓命《ヲウスノミコト》**（**倭建命《ヤマトタケルノミコト》**）という兄弟がいた。

あるとき天皇は、**三野《みの》の国《くに》**（岐阜県）から**兄比売《エヒメ》**、**弟比売《オトヒメ》**という美人姉妹を妻として迎えるため、大碓《オホウス》を派遣するが、大碓《オホウス》はふたりを自分の妻にして、別の女性たちを天皇に差し出した。大碓《オホウス》に偽《いつわ》られたことを知った天皇は悩んだ。

気まずくなった大碓《オホウス》は、朝夕の**食事の席**に顔を出さなくなる。心配した天皇は、小碓《ヲウス》に「よく、おまえから、**教え諭《さと》しなさい**」と命じる。

しかし五日経っても、大碓《オホウス》は姿を現さなかった。

そこで天皇が小碓《ヲウス》に、「どうして大碓《オホウス》は出てこないのか。もしや、まだ教え諭してないのか」とたずねると、小碓《ヲウス》は、「とっくに教え諭しました。兄を捕まえて、手足を引きちぎり、**薦《こも》**（むしろ）に包んで投げ捨てました」と答えた。

小碓《ヲウス》の**暴虐**な資質を恐れた天皇は、小碓《ヲウス》を遠ざけるため、「西の九州に**熊曾建《クマソタケル》**兄弟がいる。彼らは朝廷に従わない無礼者どもであるから、討伐してきなさい」と命じた。

小碓《ヲウス》は、討伐に向かう前、**伊勢《いせ》**（三重県）に向かい、叔母の＊**倭比売命《ヤマトヒメノミコト》**のもとを訪れ、彼女から衣装を授けてもらう。そして、懐《ふところ》に**短剣**を入れて、九州へ向かった。

Q&A 倭比売《ヤマトヒメ》が衣服を授けた理由は？

倭比売《ヤマトヒメ》は伊勢《いせ》神宮の斎宮《さいぐう》（天照《アマテラス》に仕える女性）であり、巫女《みこ》であった。その衣服には、宗教的な呪力が込められていたと思われる。

＊**倭比売命《ヤマトヒメノミコト》**／垂仁《すいにん》天皇の娘で、伊勢《いせ》神宮に天照大御神《アマテラスオホミカミ》をまつった。

乱暴な資質をもつ小碓《ヲウス》

1 父の妻を奪う大碓《オホウス》

大碓《オホウス》は、父の妻となるべき美人姉妹を自分の妻にし、天皇に別の女性たちを偽《いつわ》って差し出した。

2 大碓《オホウス》を殺害する小碓《ヲウス》

食事の席に出なくなった大碓《オホウス》を心配した天皇は、小碓《ヲウス》に「おまえから教え諭せ」と命じる。小碓《ヲウス》は大碓《オホウス》を殺害する。

3 西征を命じられる小碓《ヲウス》

小碓《ヲウス》の暴力的な資質を恐れた天皇は、小《ヲ》碓《ウス》を遠ざけるため、九州を支配する熊曽《クマソ》建《タケル》兄弟の討伐を命じる。

4 衣服を授ける倭比売《ヤマトヒメ》

出発前、小碓《ヲウス》は伊勢《いせ》に向かい、叔母の倭《ヤマト》比売《ヒメ》を訪ねた。倭比売《ヤマトヒメ》は、身につけていた衣服を小碓《ヲウス》に授ける。

小碓《ヲウス》は倭建《ヤマトタケル》の名を授かる
熊曾建《クマソタケル》討伐

人物の紹介

小碓命《ヲウスノミコト》
景行《けいこう》天皇の子。倭建命《ヤマトタケルノミコト》

熊曾建《クマソタケル》
南九州の豪族の兄弟

出雲建《イヅモタケル》
出雲の豪族

女装した小碓《ヲウス》が熊曾建《クマソタケル》を切り殺す

西征《せいせい》を命じられた**小碓**《ヲウス》は、九州の**熊曾建**《クマソタケル》の館にたどり着いたが、広大な館の周囲は、軍勢によって三重に取り囲まれていた。そして、新しい館の**新築祝い**の宴を開くため、準備が進められていた。小碓《ヲウス》は、館の周囲を偵察し、祝宴の日を待った。

祝宴の日、小碓《ヲウス》は叔母から授けられた女性の衣服を着て**女装**し、宴会が開かれる館に紛れ込んだ。

熊曾建《クマソタケル》兄弟は、女装した小碓《ヲウス》を気に入り、自分たちの間に座らせ、**酒盛り**をさせた。小碓《ヲウス》は、宴のたけなわになる頃を見計らい、懐《ふところ》から**短剣**を取り出し、**兄建**《エタケル》の胸に刺して殺害した。

小碓《ヲウス》は、逃げ出した**弟建**《オトタケル》を追い、尻から剣を刺し貫いた。そのとき、「あなたは誰か」とたずねる弟建《オトタケル》に、小碓《ヲウス》が、「私は**景行**《けいこう》**天皇**の子だ。おまえたちを討伐しにきた」と告げると、弟建《オトタケル》は、「**大和**《やまと》には我らよりも強い者がいた。あなたを*****倭建御子**《ヤマトタケルノミコ》と呼ぼう」と称えた。

すると、小碓《ヲウス》は弟建《オトタケル》を切り刻んで殺し、これ以降、**倭建命**《ヤマトタケルノミコト》と名乗った。

都に帰還する前、倭建《ヤマトタケル》は**出雲**《いずも》に向かい、武勇で名高い**出雲建**《イヅモタケル》と親しくなった。しかし、この**友情**は偽《いつわ》りであり、倭建《ヤマトタケル》は、友情の証として剣を交換したとき、出雲建《イヅモタケル》に**木刀**を渡し、その隙に**大刀**《たち》で斬殺。出雲建《イヅモタケル》を憐れむ歌を詠んだのであった。

Q&A なぜ熊曾建《クマソタケル》を切り刻んだ？

倭建《ヤマトタケル》の残虐性を示す表現であるが、古代においては、肉体を切り刻むことは、死者の復活を防ぐという意味もあった。

＊**倭建御子**《ヤマトタケルノミコ》／大和一の勇者という意味。「建《タケル》」は勇猛な人を表す。

倭建《ヤマトタケル》による西征

1 女装して館へ潜入

小碓《ヲウス》は、叔母の倭比売《ヤマトヒメ》から授かった衣服で女装し、祝宴が開かれていた熊曾建《クマソタケル》の館に紛れ込む。

2 熊曾建《クマソタケル》を殺害

宴会が盛り上がったとき、小碓《ヲウス》は懐《ふところ》に隠し持っていた短剣で兄建《エタケル》を刺殺。さらに、逃げ出した弟建《オトタケル》を刺し、倭建《ヤマトタケル》の名を授かった。

3 出雲建《イヅモタケル》を殺害

九州から出雲《いずも》に向かった倭建《ヤマトタケル》は、武勇で名高い出雲建《イヅモタケル》と親しくなって油断させた後、騙《だま》して木刀を渡し、勝負を挑んで斬殺した。

出雲建《イヅモタケル》殺害後に詠んだ歌

＊やつめさす　出雲建《イヅモタケル》が
佩《は》ける刀《たち》
黒葛《つづら》さは巻《ま》き
さ身《み》無《な》しにあはれ

訳 出雲建《イヅモタケル》が腰に帯びている大刀《たち》は、鞘に葛のつるがたくさん巻いてあって、刀装は立派だけど、刀身がなくて、あわれなことよ。

＊**やつめさす**／出雲《いずも》にかかる枕詞《まくらことば》で、語義は不明。「弥ツ芽刺ス」か。

倭建《ヤマトタケル》の東征《とうせい》

女性の助けで東国平定を果たす

草薙《くさなぎ》の剣《つるぎ》で窮地を脱する

景行天皇《けいこう》は帰還した倭建《ヤマトタケル》に、休む暇を与えず、東国《とうごく》の平定を命じた。

大和《やまと》を出た倭建《ヤマトタケル》は**伊勢**《いせ》に立ち寄り、**倭比売**《ヤマトヒメ》に、「天皇は私が早く死ねばよいと思っておられるに違いない」と言って泣き出した。哀れに思った倭比売《ヤマトヒメ》は、**草薙**《くさなぎ》**の剣**《つるぎ》と、「もしものときに開けなさい」と**袋**を渡した。

伊勢《いせ》を出た倭建《ヤマトタケル》は、**尾張**《おわり》（愛知県）で**美夜受比売**《ミヤズヒメ》を見染め、婚約した。**相武**《さがむ》**の国**《くに》（神奈川県）では、**国造**《くにのみやつこ》（地方長官）に騙《だま》され、野原に分け入ったところで、国造《くにのみやつこ》に火を放たれた。このとき、倭建《ヤマトタケル》が倭比売《ヤマトヒメ》から授かった袋を開けると**火打ち石**が入っていた。そこで、**草薙**《くさなぎ》**の剣**《つるぎ》で周囲の草を薙《な》ぎ払った後、火打ち石で**向火**《むかいび》を放ち、窮地を逃れた。

倭建《ヤマトタケル》はさらに東を目指し、**走水**《はしりみず》**の海**《うみ》（浦賀水道）を船で渡ろうとしたが、海神が荒波を起こして進むことができない。

途中から同行していた妻の**弟橘比**《オトタチバナヒ》**売**《メ》は、「私が海に入り、**渡**《わた》**りの神**をなだめましょう」と言い、入水した。すると、すぐに海はしずまった。

その後、倭建《ヤマトタケル》は東国の*蝦夷《えみし》や神々を平定。その帰路、**足柄山**《あしがらやま》で弟橘比《オトタチバナヒ》売《メ》を想い、「**吾妻**《あづま》**はや**（ああ、我が妻よ）」と嘆いたため、東国は**吾妻**《あづま》（東《あづま》）と呼ばれることになる。

こうして倭建《ヤマトタケル》は、尾張《おわり》に戻って美《ミ》夜受比売《ヤズヒメ》と**再会**し、一夜を共にした。

Q&A
なぜ入水で海がしずまった？

弟橘比売《オトタチバナヒメ》は、走水《はしりみず》の海《うみ》を渡る場面で唐突に現れ、海に身を投じる。荒ぶる神の心は、生《い》け贄《にえ》にされた少女を妻にすることで、しずまるのである。

＊**蝦夷**《えみし》／東国に住み、朝廷に逆らっていた人々。

人物の紹介

倭建命《ヤマトタケルノミコト》
景行《けいこう》天皇の子

弟橘比売《オトタチバナヒメ》
倭建《ヤマトタケル》の妻

倭建《ヤマトタケル》の東征《とうせい》

1 草を薙《な》ぎ払う倭建《ヤマトタケル》

相武《さがむ》の国(神奈川県)まで来た倭建《ヤマトタケル》は、国造《くにのみやつこ》にだまされて野に入り、火を放たれたが、草薙《くさなぎ》の剣《つるぎ》で周囲の草を薙《な》ぎ払い、火打ち石で向火《むかいび》を放って窮地を脱した。

2 入水する弟橘比売《オトタチバナヒメ》

倭建《ヤマトタケル》らは、走水《はしりみず》の海《うみ》を船で渡っていると、大嵐に遭遇する。妻の弟橘比売《オトタチバナヒメ》は、海神をしずめるために自ら海に身を投じた。すると急に嵐は収まり、船を進めることができた。

倭建《ヤマトタケル》の東征ルート

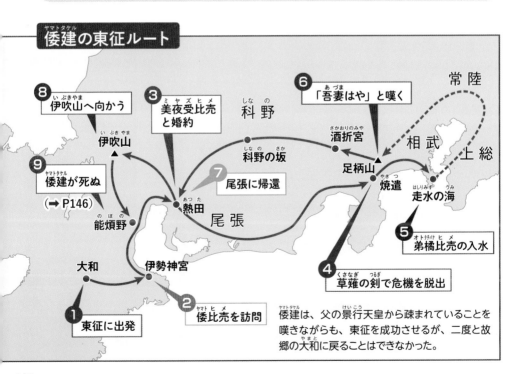

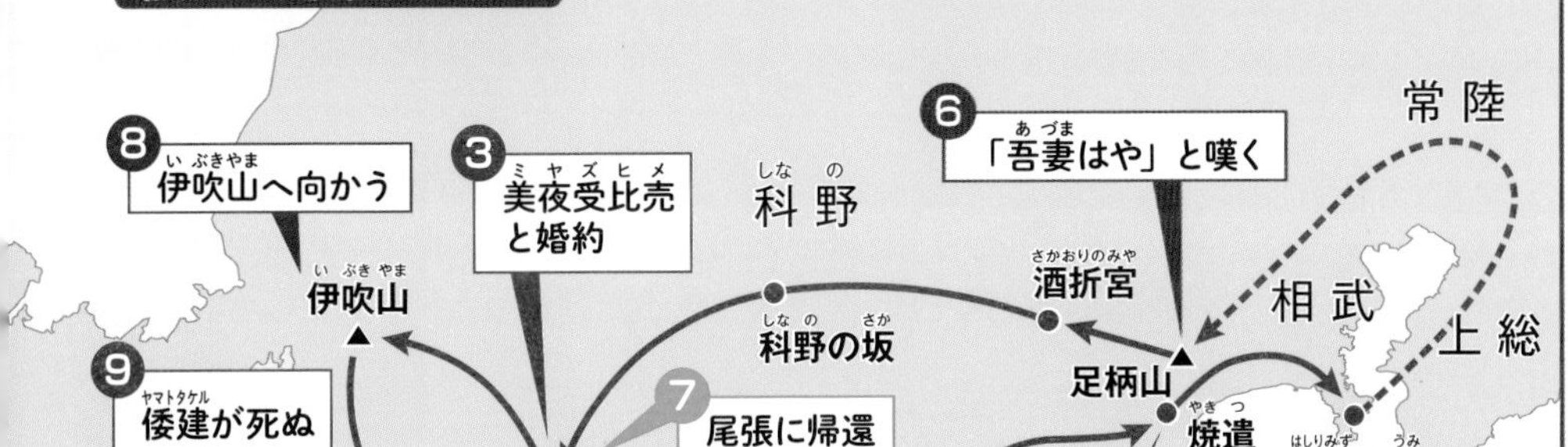

倭建《ヤマトタケル》は、父の景行《けいこう》天皇から疎まれていることを嘆きながらも、東征を成功させるが、二度と故郷の大和《やまと》に戻ることはできなかった。

中巻 35

死後に白鳥になって天を翔《かけ》る
倭建《ヤマトタケル》の死

山の神の怒りを買い悲劇的な死を迎える

美夜受比売《ミヤズヒメ》と結婚した**倭建《ヤマトタケル》**は、腰に帯びていた**草薙《くさなぎ》の剣《つるぎ》**を外して美夜《ミヤ》受比売《ズヒメ》に預けると、＊**伊吹山《いぶきやま》**の神を討つために出かけていった。

倭建《ヤマトタケル》は、「この山の神を素手で倒してやろう」と言い、伊吹山に登ったが、その途中で大きな**白い猪《いのしし》**に出会った。「**山の神の使い**だろう」とやり過ごしてしまったが、その白い猪こそ、山の神であった。

頂上まで登ったとき、急に激しい**雹《ひょう》**が降り出し、それに打たれた倭建《ヤマトタケル》は正気を失ってしまう。山を降りた倭建《ヤマトタケル》は、清水が湧き出すところで休み、どうにか正気を取り戻す。

そこから**当芸野《たぎの》**（岐阜県養老町）まで着いたが、「今は歩くこともできず、たぎたぎしい（難渋している）」と嘆いた。倭建《ヤマトタケル》の肉体は杖をつかないと歩けないほど衰弱していた。

能煩野《のぼの》（三重県鈴鹿市）まで着いたとき、倭建《ヤマトタケル》は「**倭《やまと》は国《くに》のまほろば**（大和《やまと》はすばらしい国）」と、望郷の歌を詠うが、そこで息絶える。

訃報を聞いた倭建《ヤマトタケル》の妻子たちは、大和《やまと》からこの地にきて**陵墓**を築いて泣き悲しんだ。

すると、**倭建《ヤマトタケル》**の魂は**八尋白智鳥《ヤヒロシロチドリ》**（白鳥）となって飛び立ち、志幾《しき》（大阪府柏原市）に舞い降りた。

そこで、この地に**白鳥御陵《しらとりのみはか》**をつくられたが、再び白鳥は飛び立ち、天高く翔上《かけのぼ》っていったのである。

Q&A 倭建《ヤマトタケル》は高天《たかま》の原《はら》の神になった？

古事記の世界観では、死者は黄泉《よみ》の国へ行く。倭建《ヤマトタケル》が翔上《かけのぼ》った天は、高天《たかま》の原《はら》であり、この後に続く皇統の祖先神的な存在になったといえる。

人物の紹介

倭建命《ヤマトタケル/ミコト》
景行《けいこう》天皇の子

八尋白智鳥《ヤヒロシロチドリ》
倭建《ヤマトタケル》の魂が化した白鳥

＊**伊吹山《いぶきやま》**／滋賀県と岐阜県の県境にある山。標高1377m。

古事記ゆかりの
神社紹介

熱《あつ》田《た》神《じん》宮《ぐう》

草薙神剣《くさなぎのみつるぎ》をまつる

所在地
愛知県名古屋市熱田区神宮一-一-一

創建年
一一三年（景行天皇四三年）

熱田神宮は、伊勢《いせ》の神宮に次ぐ別格の神宮として、古くより信仰を集めてきた。**倭建命**《ヤマトタケルノミコト》（祭神名は日本武尊《ヤマトタケルノミコト》）から**草薙神剣**《くさなぎのみつるぎ》を預けられた尾《お》張氏《わりうじ》の**美夜受比売**《ミヤズヒメ》（祭神名は宮簀媛命《ミヤスヒメノミコト》）が、倭建命《ヤマトタケルノミコト》の薨去《こうきょ》後、神剣を尾張氏《おわりうじ》の祭祀場であった熱田《あつた》の地に、祀《まつ》ったのが創祀《そうし》とされる。主祭神の**熱田大神**《アツタノオオカミ》は、神剣を**御霊代**《みたましろ》（御神体）とする**天照大神**《アマテラスオオカミ》のことである。

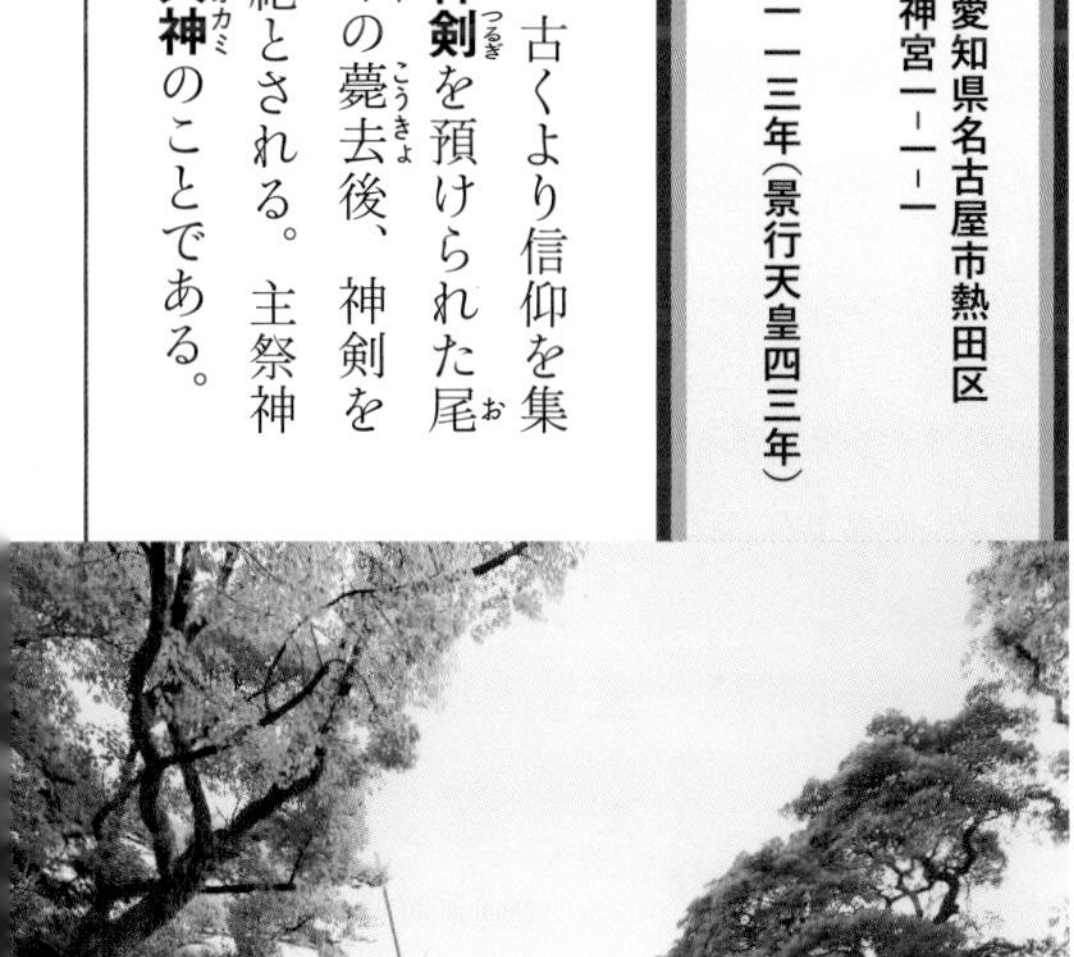

写真提供／熱田神宮宮庁

◆本宮

本宮の建築様式は尾張造だったが、1955年に、伊勢の神宮とほぼ同様の神明造に改造された。

倭建《ヤマトタケル》の死

1 神の怒りを買う倭建《ヤマトタケル》

倭建《ヤマトタケル》に侮られた伊吹山《いぶきやま》の神は、大粒の雹《ひょう》を降らせて、倭建《ヤマトタケル》の正気を失わせた。以後、倭建《ヤマトタケル》は衰弱していく。

2 白鳥として飛翔する魂

倭建《ヤマトタケル》は、能煩野《のぼの》の地で息絶えるが、その魂は白鳥となって西を目指して飛び、志幾《しき》に降り立つ。そこから、さらに天高く飛び去った。

皇子の紹介

倭建命《ヤマトタケルノミコト》

別名
日本武尊《ヤマトタケルノミコト》、小碓命《ヲウスノミコト》、倭男具那命《ヤマトヲグナノミコト》

父親
景行天皇《けいこう》

不遇な死を迎えた古事記最大の英雄

景行天皇《けいこう》の子の**小碓命**《ヲウスノミコト》は、兄・**大碓**《オホウス》が食事の席に顔を出さなくなったとき、父から「兄を**教え諭**《さと》**せ**」と言われると、大碓《オホウス》を残虐に殺して、手足をもぎ取って捨てる。

異常ともいえる凶暴な性質を天皇から恐れられた小碓《ヲウス》は、九州の**熊曾**《クマソ》**建**《タケル》討伐を命じられる。これを見事に討ち果たした小碓《ヲウス》は、**倭建命**《ヤマトタケルノミコト》と名乗るようになる。

大和《やまと》（奈良県）に帰還した倭建《ヤマトタケル》は、天皇に戦果を報告するが、待っていたのは労《ねぎら》いの言葉ではなく、**東国**《とうごく》**への出征命令**だった。

倭建《ヤマトタケル》は、叔母の**倭比売命**《ヤマトヒメノミコト》のもとを訪れ、「父は私が早く死んだらよいと思っておられる」と、泣きながら心情を訴える。

東征に出発した倭建《ヤマトタケル》は、倭比売《ヤマトヒメ》から授けられた**草薙**《くさなぎ》**の剣**《つるぎ》などで危機を脱し、使命を果たす。

しかし、その帰路、**伊吹山**《いぶきやま》（滋賀県）で神の怒りを買い、**雹**《ひょう》に打たれて正気を失ってしまう。その後、体は衰弱し、**能褒野**《のぼの》（三重県）で、故郷「大和《やまと》」の美しさを称える歌を詠

女装する小碓《ヲウス》

小碓《ヲウス》は熊曾建《クマソタケル》を討ち果たすため、倭比売《ヤマトヒメ》から授かった衣装を着て、宮殿の宴会場に紛れ込んだ。

「月百姿　賊巣の月　小碓皇子」
（山口県立萩美術館・浦上記念館所蔵）

倭建命をまつる神社

- 焼津神社（静岡県焼津市）
- 走水神社（神奈川県横須賀市）
- 腰掛神社（神奈川県茅ヶ崎市）
- 三峯神社（埼玉県秩父市）
- 酒折宮（山梨県甲府市）
- 大鳥大社（大阪府堺市）
- 白鳥神社（香川県東かがわ市）

んで、息を引き取った。その魂は、**白鳥**となって飛び去っていった。

古事記では、倭建《ヤマトタケル》は父に疎《うと》まれた悲劇の英雄として語られているが、日本書紀の**日本武尊**《ヤマトタケルノミコト》は、父に忠誠を尽くす人物として描かれ、東征を命じられたとき、**雄叫《おたけ》び**を上げて自ら乗り出す。

こうした違いが生じたのは、日本書紀では、日本武尊《ヤマトタケルノミコト》を**儒教的《じゅきょうてき》な理想の英雄**として描くのが目的であったためと考えられる。

一方、古事記の倭建《ヤマトタケル》は、語り継がれてきた**複数の英雄の伝承**がそのまま残され、ひとりの人物の物語として**統合**されたものと思われる。古事記において、ひとりの生涯をこれほど詳細に語るのは、倭建《ヤマトタケル》以外に類を見ない。

「日本武尊」(神宮徴古館所蔵)

草薙《くさなぎ》の剣《つるぎ》をふるう倭建《ヤマトタケル》

相武《さがむ》の国《くに》(神奈川県)の国造《くにのみやつこ》にだまされ、野に火を放たれた倭建《ヤマトタケル》は、草薙《くさなぎ》の剣《つるぎ》で周囲の草を薙《な》ぎ払った。

伊吹山の倭建《ヤマトタケル》像(滋賀県米原市)

伊吹山の山頂には、倭建《ヤマトタケル》像が立つ。倭建《ヤマトタケル》は、伊吹山の神を侮ったため、死に追い込まれた。

中巻 36

神託に従って新羅《しらき》遠征を開始する

神《じん》功《ぐう》皇《こう》后《ごう》の出征

人物の紹介

神功皇后《じんぐうこうごう》
仲哀《ちゅうあい》天皇の皇后

仲哀天皇《ちゅうあい》
倭建《ヤマトタケル》の子。14代天皇

仲哀《ちゅうあい》天皇の急死後 新羅《しらき》に出撃する

13代**成務《せいむ》天皇**が亡くなると、**倭建《ヤマトタケル》**の**御子《みこ》**が14代**仲哀《ちゅうあい》天皇**として即位した。天皇は**筑紫《つくし》**（北九州）の**訶志比《かしいの》宮《みや》**（福岡県福岡市）に宮殿を築いて天下を治め、朝廷に逆らう南九州の**熊曾《くまそ》**討伐の準備を進める。

そんなある日、天皇は**神**を招くために**琴**をかき鳴らしていると、皇后の**息長帯比売命《オキナガタラシヒメノミコト》**（**神功皇后《じんぐうこうごう》**）に神が乗り移り、「金銀財宝に恵まれた西の国（**新羅《しらき》**）を、私が服属させてあげよう」と告げた。ところが天皇は、この神託を疑った。

神は激しく怒り、「そなたは**黄泉《よみ》の国《くに》**へ行け」と命じたため、天皇は息を引き取ってしまう。さらに神は、大臣《おおおみ》の**建内宿禰《タケウチノスクネ》**に「この国は、皇后のお腹にいる**御子《みこ》**が治めるべきである」という言葉を授けた。

宿禰《スクネ》が神の名をたずねると、「**底筒之男《ソコツツノヲ》・中筒之男《ナカツツノヲ》・上筒之男《ウハツツノヲ》**」と言う。住吉大社《すみよしたいしゃ》の**墨江三神《スミノエサンジン》**（⬇P42）であった。

さらに神は、「すべての神々をまつり、我らを船上にまつり、**箸《はし》**と＊**葉盤《ひらで》**を海神に捧げよ」と告げた。

皇后が、お告げのとおりに軍船を並べて出撃すると、**海の魚**たちが航行を助け、さらに**大波**が船団を勢いよく押し進め、新羅《しらき》内陸まで運んだ。これを恐れた**新羅王《しらきおう》**は戦わずに降伏。皇后は宮殿前に杖を突き立てた。

Q&A

皇后の遠征は歴史的事実？

中国の吉林省《きつりんしょう》に残る高句麗《こうくり》の広開土《こうかいど》王碑《おうひ》には、「三九一年に倭《わ》（日本）が出兵して百済《くだら》と新羅《しらき》を臣民にした」と記されており、これを神功皇后《じんぐうこうごう》の遠征と解釈する説がある。

＊**葉盤《ひらで》**／柏《かしわ》の葉を数枚重ねてつくった皿。

神功皇后《じんぐうこうごう》の新羅《しらぎ》遠征

1 仲哀《ちゅうあい》天皇の急死

仲哀《ちゅうあい》天皇が呼び出した神は、皇后の息長《オキナガ》帯比売《タラシヒメ》(神功皇后《じんぐうこうごう》)に乗り移り、新羅《しらぎ》遠征を命じるが、天皇は神のお告げを無視したため、急死する。

2 神功皇后《じんぐうこうごう》の出征

皇后は、神の神託どおりに準備を進め、軍船を集めて海を渡った。すると、魚たちが船を背負って進み、大波が船団を新《しら》羅《ぎ》内陸にまで運んだ。

3 新羅《しらぎ》の降伏

皇后の船団の勢いに圧倒された新羅王《しらぎおう》は戦わずに降伏した。皇后は、新羅《しらぎ》領有を宣言する意味を込めて、宮殿の前に自らの杖を立てた。

新羅《しらぎ》遠征のルート

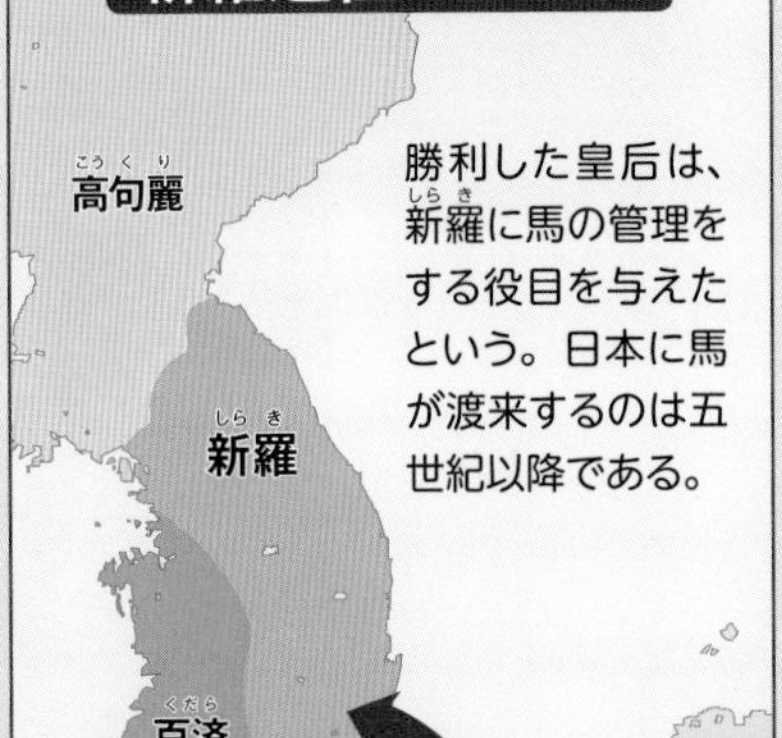

中巻 37

神《じん》功《ぐう》皇《こう》后《ごう》の帰還

品陀和気《ホムダワケ》に謀反を起こす異母兄たち

人物の紹介

神功皇后《じんぐうこうごう》
仲哀《ちゅうあい》天皇の皇后

品陀和気命《ホムダワケノミコト》
後の応神《おうじん》天皇

皇后は策略を用いて香坂《カゴサカ》・忍熊《オシクマ》を倒す

新羅《しらき》遠征を成功に導いた**神功皇后《じんぐうこうごう》**であったが、政務が完了しないうちに**陣痛**がはじまってしまう。皇后は石を腰に巻きつけて出産を遅らせ、**筑紫《つくし》**（北九州）に帰って**品陀和気命《ホムダワケノミコト》**（後の**応神《おうじん》天皇**）を生んだ。

大和《やまと》へ帰還しようとした皇后は、**香坂王《カゴサカノミコ》・忍熊王《オシクマノミコ》**兄弟（**仲哀《ちゅうあい》天皇**の子）が、品陀和気《ホムダワケ》即位の阻止を狙い、反逆を企てていることを知る。

そこで皇后は、彼らを油断させるため、品陀和気《ホムダワケ》が死んだという噂を流し、**喪船《もふね》**をつくって九州から瀬戸内海を進んでいった。

兄弟が**斗賀野《とがの》**（大阪府大阪市）で皇后軍を待ち構えていたとき、突然、**大猪《おおいのしし》**が現れ、香坂《カゴサカ》を食い殺してしまう。生き残った忍熊《オシクマ》は軍勢を率いて喪船を襲撃するが、皇后は喪船に潜ませていた兵士で撃退した。

忍熊《オシクマ》が軍を立て直すと、両軍は対峙したまま膠着《こうちゃく》状態に陥った。

そこで皇后軍は、「皇后はすでに亡くなった」と告げ、**弓の弦《つる》**を切り、偽《いつわ》って降伏した。

偽りを信じた忍熊《オシクマ》軍が油断して**武器**を収めると、皇后軍の兵士は、***頂髪《たきふさ》**に隠していた弦を取り出して弓に張り直し、追撃した。

隙をつかれた忍熊《オシクマ》軍は敗走し、忍《オシ》熊《クマ》は船に乗って**海《うみ》**（琵琶湖）まで逃れたが、最後には入水して自害したのである。

Q&A 神功皇后《じんぐうこうごう》は斉明天皇《さいめい》？

神功皇后《じんぐうこうごう》は、六六三年、倭《わ》と新羅《しらき》が戦った白村江《はくすきのえ》の戦いの際、遠征中に北九州で亡くなった斉明《さいめい》天皇をモデルに創作されたと推定されている。

＊**頂髪《たきふさ》**／頭頂部で髪を束ねた髪型。髻《もとどり》。

古事記ゆかりの
神社紹介

宇美八幡宮《うみはちまんぐう》

應神《おうじん》天皇の御生誕地

創建年
五七〇年頃

所在地
福岡県糟屋郡宇美町宇美一-一-一

新羅遠征《しらき》から九州に戻った**神功皇后**《じんぐうこうごう》は、**品陀和気命**《ホムダワケノミコト》（**應神天皇**《おうじん》）を出産し、その地を**宇美**《うみ》（「産み」に由来）と名付けたという。以降、宇美の地は聖地とされ、**敏達天皇**《びだつ》の時代に、應神《おうじん》天皇をまつったのが神社の発祥とされる。古くより**安産・育児**の「**子安大神**《こやす》」の神として信仰を集めてきた。境内には樹齢二千年以上と推定される二本の大樟《おおくす》がある。

◆社殿
境内には「子安の石」や「産湯の水」など、出産にまつわる信仰対象が多数ある。

品陀和気《ホムダワケ》を守る皇后

1 品陀和気《ホムダワケ》を出産

新羅《しらき》遠征を終えた神功皇后《じんぐうこうごう》は、筑紫《つくし》に帰って、品陀和気《ホムダワケ》(応神《おうじん》天皇)を出産した。

2 香坂《カゴサカ》・忍熊《オシクマ》との戦い

香坂《カゴサカ》・忍熊《オシクマ》兄弟が謀反を起こすと、皇后は討伐を決意。皇后軍は、偽《いつわ》りの降伏をして敵を油断させた後、頭髪に隠していた弦《つる》を弓に張り直して攻撃を再開し、勝利した。

神《じん》功《ぐう》皇《こう》后《ごう》

別名　息長帯比売命《オキナガタラシヒメノミコト》、気長足姫尊《オキナガタラシヒメノミコト》

父親　息長宿禰王《オキナガノスクネノミコ》

夫の死後に神託に従って新羅《しらぎ》に出撃

神功皇后《じんぐう》（**息長帯比売命**《オキナガタラシヒメノミコト》）は、**倭**《ヤマト》**建命**《タケルノミコト》の子であった14代**仲哀天皇**《ちゅうあい》の妻。皇后が天皇とともに**訶志比宮**《かしいのみや》（福岡県福岡市）にいたとき、神が皇后に乗り移り、「**新羅**《しらき》を与えよう」と告げるが、天皇はこれを無視したため、神の怒りを買って死んでしまう。

その神とは、住吉《すみよし》大社の祭神・**墨**《スミノ》**江三神**《エサンジン》であった。

皇后が神のお告げのとおりに遠征すると、船団は大波に乗って、**新羅**《しらき》内陸まで進み、この勢いに恐れをなした**新羅王**《しらきおう》は戦わずに降伏した。

遠征中に**産気**づいた皇后は、**石**を腰に巻きつけて出産を遅らせ、九州に戻って、**品陀和気命**《ホムダワケノミコト》（後の**応神天皇**《おうじん》）を生んだ。そして、後継者争いに挑んできた**香坂**《カゴサカ》・**忍熊**《オシクマ》兄弟を倒し、品陀和気《ホムダワケ》の皇位継承を確実にする。

日本書紀では、「**神功皇后紀**《じんぐうこうごうき》」が独立して設けられており、神功皇后《じんぐう》は歴代天皇と同列に扱われている。

高句麗《こうくり》の**広開土王碑**《こうかいどおうひ》（⬇P150）の碑文などによって、四世紀末頃に日本が朝鮮半島に出兵したことは史実の可能性が高い。しかし、皇后が

神功皇后《じんぐう》の新羅《しらき》遠征

朝鮮半島に渡った神功皇后《じんぐう》は、戦わずして新羅《しらき》を降伏させた。

「大日本史略図会 第十五代 神功皇后」（山口県立萩美術館・浦上記念館所蔵）

神功皇后をまつる神社

- 住吉大社（大阪府大阪市）（⬇P158）
- 宇佐神宮（大分県宇佐市）（⬇P159）
- 筥崎宮（福岡県福岡市）（⬇P155）
- 香椎宮（福岡県福岡市）
- 宮地嶽神社（福岡県福津市）
- 氣比神宮（福井県敦賀市）（⬇P157）

新羅《しらぎ》を服従させたという記録はなく、勝利は創作であるという見方が強い。皇后の遠征は、**神話的な伝承**として読む必要がある。

また、神功《じんぐう》皇后や仲哀《ちゅうあい》天皇、成務《せいむ》天皇の名にある「**帯**《タラシ》／**足**《タラシ》」は、七世紀頃の称号とされ、六二九年に即位した**女帝**の34代**舒明**《じょめい》**天皇**の名は、**息**《オキ》**長**《ナガ》**足**《タラシ》**日**《ヒ》**広**《ヒロ》**額**《ヌカ》である。

そして、女帝の37代**斉明**《さいめい》**天皇**の時代に、滅亡した**百済**《くだら》を助けるため、新羅《しらぎ》遠征が実行される。神功《じんぐう》皇后は舒明《じょめい》・斉明《さいめい》天皇をモデルに創作された人物だと考えられる。

また、古事記中巻は、新羅《しらぎ》の王子・**天**《アメ》**之**《ノ》**日**《ヒ》**矛**《ホコ》が、日本に渡ってきて、**前**《サキ》**見**《ミ》**津**《ツ》という娘と結婚するというエピソードで締め括られ、その子孫が神《じん》功《ぐう》皇后とされている。神功《じんぐう》皇后は、新羅王《しらきおう》の血を引くという設定となっているのである。

神功《じんぐう》皇后と品陀和気命《ホムダワケノミコト》

日本書紀によると、神功《じんぐう》皇后は遠征の際に、男性の髪型である角子《みずら》に結って、甲冑を着て武装したという。遠征から帰還した皇后が生んだ子は「品陀和気命《ホムダワケノミコト》」と名付けられた。

「神功皇后」（神宮徴古館所蔵）

筥崎宮《はこざきぐう》（福岡県福岡市）

応神《おうじん》天皇、神功《じんぐう》皇后などをまつる神社。筥崎《はこざき》八幡宮とも称される。神功《じんぐう》皇后が品陀和気命《ホムダワケノミコト》を出産したとき、胞衣《ほうい》を筥《はこ》に収め、埋納した場所に創建されたと伝えられる。

写真提供／福岡市

応神《おうじん》天皇の三皇子の後継者争い
大《オホ》山《ヤマ》守《モリ》の反乱

人物の紹介

品陀和気命《ホムダワケノミコト》
15代応神《おうじん》天皇

大山守命《オホヤマモリノミコト》
応神《おうじん》天皇の子

宇遅能和紀郎子《ウヂノワキイラツコ》
大山守《オホヤマモリ》の弟

品陀和気《ホムダワケ》は神から海豚《いるか》を授かる

神功皇后《じんぐうこうごう》の活躍で後継者争いに勝利した**品陀和気**《ホムダワケ》であったが、敵を欺《あざむ》くために死んだことにされた。このときの死の穢《けが》れを**禊**《みそぎ》で清めるため、**建内宿禰**《タケウチノスクネ》は品陀和気《ホムダワケ》を連れて旅に出かけ、**角鹿**《つぬが》（福井県敦賀市）に仮の宮を建て、住まわせた。

すると、**伊奢沙和気大神之命**《イザサワケノオホカミノミコト》が、品陀和気《ホムダワケ》の夢に現れ、「私の名を**御子**《みこ》の名に変えたいと思う」と言うので、「お言葉のまま変えます」と答えると、その神は、「明日の朝、**浜**へ出かけなさい」と告げた。

翌朝、品陀和気《ホムダワケ》が浜に出かけると、鼻の傷ついた**海豚**《いるか》で満ちあふれていた。喜んだ品陀和気《ホムダワケ》は神を＊**御食津**《ミケツ》**大神**《オホカミ》と名付けて称えた。

禊《みそぎ》を終え、成人した品陀和気《ホムダワケ》は、15代**応神天皇**《おうじん》として即位した。天皇には**大山守命**《オホヤマモリノミコト》、**宇遅能和紀郎子**《ウヂノワキイラツコ》、**大**《オホ》**雀命**《サザキノミコト》という三人の皇子がいた。天皇は、宇遅能和紀郎子《ウヂノワキイラツコ》を後継者に指名して亡くなったが、天下を狙う大山守《オホヤマモリ》は反乱を企て、兵士を集めはじめた。

兄の反逆を大雀《オホサザキ》から知らされた宇遅能和紀郎子《ウヂノワキイラツコ》は、**宇治川**《うじがわ》を渡る船に大山守《オホヤマモリ》を誘い込み、溺死させる。

ところが、宇遅能和紀郎子《ウヂノワキイラツコ》と大雀《オホサザキ》は、**天皇の位**をお互いに譲り合った。そのうち、宇遅能和紀郎子《ウヂノワキイラツコ》が早くに亡くなったため、大雀《オホサザキ》が後継者となり、**仁徳天皇**《にんとく》（⬇P164）として即位したのである。

Q&A 品陀和気《ホムダワケ》は名を交換した？

品陀和気《ホムダワケ》は夢に現れた神と名を交換すると答えるが、交換を示す記述はなく、謎である。品陀和気《ホムダワケ》から名をもらった神が、魚《な》を与えたとする説もある。

＊**御食津大神**《ミケツオホカミ》／御食《みけ》（神や天皇の食料）を司る神。

古事記ゆかりの
神社紹介

氣比神宮《けひじんぐう》

御食津大神《ミケツオオカミ》をまつる

伊奢沙和気大神之命《イザサワケノオホカミノミコト》（祭神名は伊奢沙別命《イザサワケノミコト》）は、御食津大神《ミケツオオカミ》とも称され、古代より**北陸道の総鎮守**として信仰を集めてきた。**神功皇后**《じんぐう》が、この地に御食津大神《ミケツオオカミ》をまつらせたのが神社の創建とされ、**品陀和気命**《ホムダワケノミコト》は、この地で神と名を交換したという。社殿は、**文武天皇**《もんむ》の勅命で創建されたと伝えられる。

創建年 七〇二年

所在地 福井県敦賀市曙町一一-六八

◆大鳥居

高さ約11mの大鳥居は、木造としては春日大社、厳島神社と並ぶ日本三大鳥居のひとつ。

写真提供／公益社団法人福井県観光連盟

大山守《オホヤマモリ》の反乱

1 大山守《オホヤマモリ》が反乱を計画

応神《おうじん》天皇の死後、大山守《オホヤマモリ》は皇位継承者の弟・宇遅能和紀郎子《ウヂノワキイラツコ》の殺害計画を進める。それを知った大雀《オホサザキ》は、宇遅能和紀郎子《ウヂノワキイラツコ》に伝える。

2 船頭に変装して殺害

船頭に変装した宇遅能和紀郎子《ウヂノワキイラツコ》は、宇治《うじ》川《がわ》に攻めてきた大山守《オホヤマモリ》を船に乗せ、川の中ほどで船を傾けて落とし、溺死させた。

古事記ゆかりの

神社紹介

墨江三神《すみのえさんじん》をまつる

住《すみ》吉《よし》大《たい》社《しゃ》

創建年 神功《じんぐう》皇后摂政一一年（伝）

所在地 大阪府大阪市住吉区住吉二-九-八九

住吉大社《すみよし》の祭神は、**伊耶那岐命《イザナキノミコト》**が禊《みそぎ》を行ったときに現れた**墨江三神《すみのえさんじん》**（**底《ソコ》筒男命《ツツオノミコト》**・**中筒男命《ナカツツオノミコト》**・**表筒男命《ウハツツオノミコト》**）である。**墨江三神《すみのえさんじん》**から、**新羅《しらき》**遠征の神託を下された**神功《じんぐう》皇后**は、無事に平定を成し遂げ、凱旋《がいせん》の途中、この地に墨江《すみのえ》三神《さんじん》をまつる**神社**を創祀。これが住吉《すみよし》大社の起源で、その後、神功《じんぐう》皇后もまつられた。

◇本殿配置・反橋《そりはし》

本殿配置（写真上）は、第一本宮から第三本宮までが直列、第四本宮と第三本宮は並列で、全国的にも珍しい。**反橋**（写真下）は、住吉大社の象徴で、古事記の時代には、この近辺まで波が打ち寄せていた。

写真提供／住吉大社

◇四棟の本殿

日本最古の神社建築様式のひとつ「住吉《すみよし》造《づくり》」による。第一本宮には底筒男命《ソコツツノオノミコト》、第二本宮には中筒男命《ナカツツノオノミコト》、第三本宮には表筒《ウハツツノ》男命《オノミコト》、第四本宮には神《じん》功《ぐう》皇《こう》后《ごう》をまつる。

古事記ゆかりの

神社 紹介

宇佐神宮《うさじんぐう》

八幡大神《ハチマンオオカミ》をまつる

宇佐《うさ》**神宮**は、全国に約4万社ある**八幡社**《はちまんしゃ》の総本宮である。祭神の**八幡大神**《ハチマンオオカミ》は、**応神**《おうじん》**天皇**の神霊とされ、五七一年、宇佐の地に現れたとされる。**東大寺**の**大仏建立**の際、守護神として宇佐《うさ》神宮から**勧請**《かんじょう》（分霊を他の場所に移すこと）され、東大寺境内に**手向山八幡宮**《たむけやまはちまんぐう》が創建され、以後、全国に八幡宮《はちまんぐう》が建立されていった。

創建年
五七一年

所在地
大分県宇佐市大字南宇佐二八五九

◇八幡鳥居《はちまんとりい》・勅使門《ちょくしもん》

八幡鳥居《はちまんとりい》(写真上)は、柱上部に台輪が置かれる特徴的な古来の形式。**勅使門**《ちょくしもん》(写真下)は、勅使(天皇の意思を伝える使者)が通る門で、通常は閉ざされている。

◇本殿

前殿《まえどの》と奥殿《おくどの》を前後に連結させる八幡造《はちまんづくり》。両棟が接する場所には、大きな金の雨樋が渡されている。

古事記《こじき》と卑弥呼《ひみこ》

魏志倭人伝《ぎしわじんでん》を読んでいた記紀《きき》の編者たち

日本に関する最古の文献史料は、**魏志倭人伝**《ぎしわじんでん》に記された、**邪馬台国**《やまたいこく》の女王・**卑弥呼**《ひみこ》に関するものである。卑弥呼《ひみこ》は景初《けいしょ》二年（二三八年）、使者の**難升米**《なしめ》を**洛陽**《らくよう》（魏の首都）に派遣し、**親魏倭王**《しんぎわおう》の称号と、**銅鏡**百枚を含む豪華な下賜品を授かったという。

古事記に卑弥呼《ひみこ》などに関する記述はないが、**日本書紀**の**神功皇后紀**《じんぐうこうごうき》には、「倭《わ》の女王が難升米《なしめ》を遣わす」と、魏志倭人伝《ぎしわじんでん》の記事が引用されている。また日本書紀には、神功《じんぐう》皇后が**百済**《くだら》から**七枝刀**《ななさやのたち》を授けられたという記述があり、卑弥呼《ひみこ》が授かった銅鏡を踏まえているともいわれる。

要するに、日本書紀の編者は、魏《ぎ》志倭人伝《しわじんでん》を読んでおり、古事記の編者も、邪馬台国《やまたいこく》や卑弥呼《ひみこ》の存在を知っていたと思われる。

しかし、古事記にも日本書紀にも、卑弥呼《ひみこ》の名は記されていない。これは、卑弥呼《ひみこ》が魏に**朝貢**《ちょうこう》したことを記すと、建国神話との**整合性**が取れなくなるためと考えられる。

石上神宮七支刀《いそのかみじんぐうしちしとう》

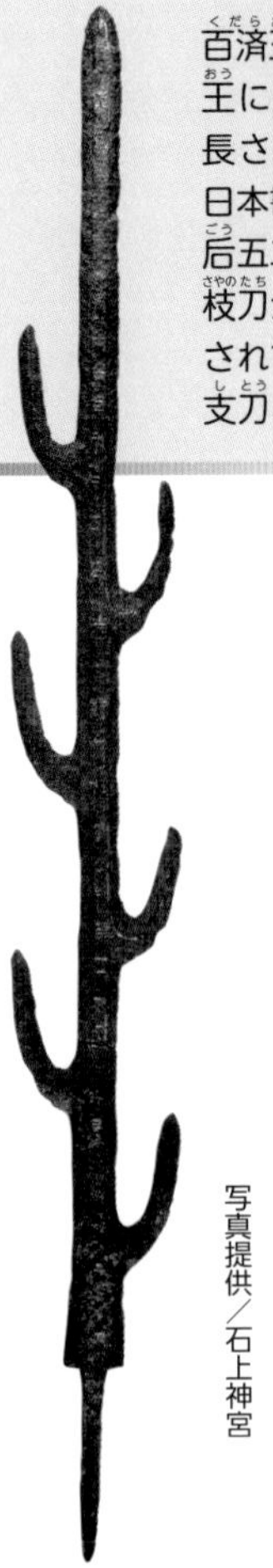

百済王《くだらおう》が三六九年に倭《わ》王《おう》に贈ったとされる、長さ約75cmの鉄剣。日本書紀では、神功皇《じんぐうこう》后《ごう》五二年に百済《くだら》から七《なな》枝刀《さやのたち》が献上されたと記されており、それが七《しち》支刀《しとう》と推測されている。

写真提供／石上神宮

卑弥呼《ひみこ》は呪術を行う巫女《みこ》（シャーマン）だったと考えられる。その姿は、神がかりの状態になった神功《じんぐう》皇后とイメージが重なる。

下《しもつ》巻《まき》

仁徳天皇の仁政

石之日売の嫉妬

墨江中王の反乱

軽太子の恋

雄略天皇の即位

意祁王と袁祁王

背景画像／『古事記 下巻』国立国会図書館所蔵

下巻のあらすじ

聖《ひじり》の帝《みかど》と呼ばれた仁徳《にんとく》天皇の死後、皇族内で激しい権力闘争が繰り広げられていく。

仁徳《にんとく》天皇の政治

〔➡P164~167〕

1 人々の生活が困窮していることを知った16代仁徳《にんとく》天皇は、三年間、税を免除する。

2 仁徳《にんとく》天皇は浮気を繰り返すため、皇后の石之日売《イハノヒメ》は激しく嫉妬する。

墨江中王《スミノエノナカツミコ》の反乱

〔➡P170~171〕

3 17代履中《りちゅう》天皇の弟・墨江中王《スミノエノナカツミコ》が反乱を起こすが、水歯別《ミズハワケ》に殺される。

軽太子《カルノミコ》の悲恋

〔➡P172~173〕

4 19代允恭《いんぎょう》天皇の子・軽太子《カルノミコ》は、同母妹と道ならぬ恋に落ちる。

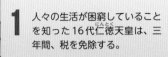

雄略《ゆうりゃく》天皇の即位

〔➡P174~177〕

5 目弱《マヨワ》が父の仇《かたき》だった20代安康《あんこう》天皇を殺害する。

6 安康《あんこう》天皇の弟・大長谷《オホハツセ》は、ふたりの兄を殺害する。

7 大長谷《オホハツセ》は、目弱《マヨワ》を攻め滅ぼす。

8 大長谷《オホハツセ》は、忍歯《オシハ》を殺害し、21代雄略《ゆうりゃく》天皇として即位する。

意祁《オケ》と袁祁《ヲケ》

〔➡P180~181〕

9 雄略《ゆうりゃく》天皇の死後、忍歯《オシハ》の子である意祁《オケ》と袁祁《ヲケ》の兄弟が発見される。

10 23代顕宗《けんぞう》天皇（袁祁《ヲケ》）は雄略《ゆうりゃく》天皇の陵墓を破壊しようとするが、意祁《オケ》に諭される。

下巻 39

仁徳天皇《にんとくてんのう》の仁政

立たない竈《かまど》の煙で人々の窮乏を知る

豊かさを見届けて労役と租税を再開

応神天皇《おうじん》（⬇P156）の子・**大**《オホ》**雀**《サザキ》は、16代**仁徳天皇**《にんとく》として即位すると、**大和**《やまと》（奈良県）を離れ、**高津宮**《たかつのみや》（大阪市）で政務をとった。

あるとき、天皇が高い山に登って四方を見渡すと、竈《かまど》の煙の立つのが見えなかった。天皇は、「人々が食事もできないほど**貧しい**のであろう」と言い、「これから三年間、**労役**と**租税**をすべて免除せよ」と命じた。

このため、天皇の宮殿は傷んで**雨**《あま》**漏**《も》**り**がするほどであったが、器で雨を受け、雨漏りがする場所を避けて暮らしていた。そして三年後、天皇が再び山に登って見渡すと、竈《かまど》の煙が一面に立ち上っていた。

人々が豊かになったのを見届けた天皇は、以前のように労役と租税を**再開**したが、苦しむ人々はいなかった。人民を慈しむ天皇は**聖**《ひじり》**の帝**《みかど》と呼ばれ、称えられたのである。

また、天皇は*****秦氏**《はたうじ》に命じて、治水工事を開始した。高津宮《たかつのみや》がある**難**《なに》**波**《わ》**一帯**は低湿地地帯で、水害が多発していた。天皇は、**茨田**《まむた》（大阪府寝屋川市）に治水用の堤と穀倉を築き、灌漑《かんがい》用に**丸邇池**《わにのいけ》（大阪府富田林市）や**依網池**《よさみのいけ》（大阪府堺市）をつくった。

さらに、**小椅江**《おばしのえ》（大阪市天王寺区）に堀を開削し、**難波**《なにわ》の入江を掘って**墨江**《すみのえ》**の津**《つ》（大阪市住吉区）と呼ばれる港を築いたのである。

Q&A 仁徳《にんとく》天皇は聖人か？

租税を免除し、雨漏りを修理しなかった仁徳《にんとく》天皇は、儒教的《じゅきょうてき》な聖人《せいじん》として描かれている。宇遅能和紀郎子《ウヂノワキイラツコ》と皇位を譲り合った話も、儒教《じゅきょう》が強く影響している。

人物の紹介

仁徳天皇《にんとく》
16代天皇

＊**秦氏**《はたうじ》／すぐれた土木技術をもつ渡来系の氏族。

古事記ゆかりの
神社紹介

仁徳《にんとく》天皇をまつる

高津宮《こうづぐう》

所在地
大阪市中央区
高津一-一-二九

創建年
八六六年

高津宮《こうづぐう》は、**浪速**《なにわ》（大阪府）に**高津宮**《たかつのみや》を置いた**仁徳天皇**《にんとく》を主祭神とする神社。八六六年、**清和天皇**《せいわ》の勅命《ちょくめい》による探索で、高津宮《たかつのみや》の跡地とされた場所に、仁徳《にんとく》天皇をまつったのが起源とされる。一五八三年、**豊臣秀吉**《とよとみひでよし》が大坂城を築いた際、**比売許曽**《ひめこそ》**神社**の境内（現在地）に遷《せん》座《ざ》され、現在に至っている。

写真提供／高津宮

◆本殿

高津宮《こうづぐう》は、古典落語「高津の富」「高倉狐」「崇徳院」の舞台としても知られる。

仁徳《にんとく》天皇の政治

1 労役と租税を免除

仁徳《にんとく》天皇が山から国を見渡したとき、竃《かまど》の煙の立つのが見えなかった。人々の困窮を知った天皇は、三年間、労役と租税を免除した。

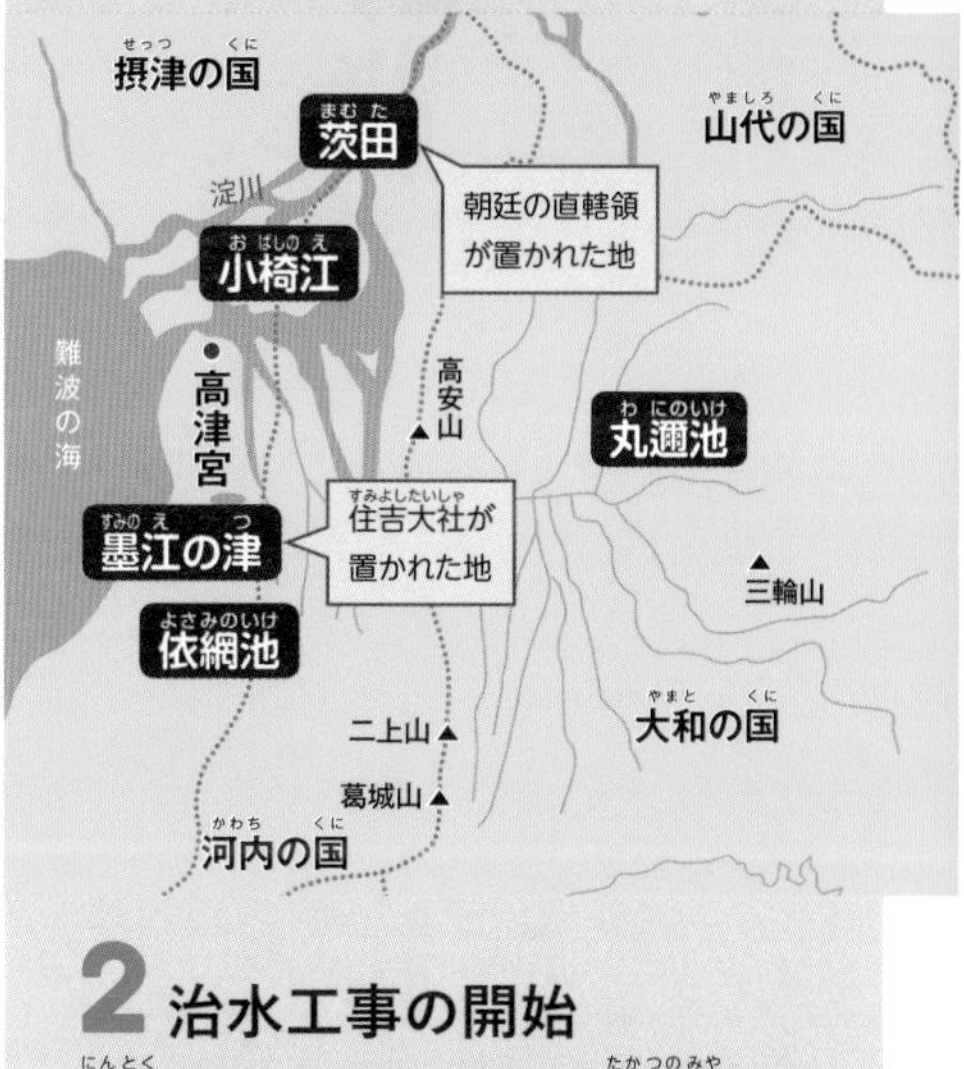

2 治水工事の開始

仁徳《にんとく》天皇は、水害の多発する高津宮《たかつのみや》の周辺に、堤防や灌漑《かんがい》用の溜池を築き、水路を開削した。

下巻40

仁徳《にんとく》天皇が皇后を悩ませる 石之日売《イハノヒメ》の嫉妬

天皇の奔放な行動が事件を巻き起こす

仁徳《にんとく》天皇は、嫉妬深い皇后・**石之日売《イハノヒメ》**に悩まされていた。あるとき、**吉備《きび》**（岡山県）出身の**黒日売《クロヒメ》**を、こっそり宮殿に呼んだが、それを知った石之日売《イハノヒメ》は激しく嫉妬したので、恐ろしくなった黒日売《クロヒメ》は帰国する。

天皇は、帰国する黒日売《クロヒメ》の乗った船を見て、「いとしいわが妻が故郷へ去って行く」と歌ったが、この歌を聞いて怒った石之日売《イハノヒメ》は、使者を送って黒日売《クロヒメ》を船から降ろし、吉備《きび》まで歩いて帰らせた。

そこで天皇は、「**淡路島《あわじしま》**を旅する」と嘘をつき、黒日売《クロヒメ》を吉備《きび》まで追って再会した。

石之日売《イハノヒメ》が**宴《うたげ》の準備**のため、**木《き》の国《くに》**（和歌山県）に出向いているとき、天皇は石之日売《イハノヒメ》の異母妹・**八田若郎女《ヤタノワキイラツメ》**を妻にしたが、それを伝え聞いた石之日売《イハノヒメ》は、嫉妬のため、天皇のいる**難波《なにわ》**の**高津宮《たかつのみや》**には戻らず、実家のある葛城《かずらき》方面に向かい、**筒木《つつき》の宮**（京都府京田辺市）に滞在した。

天皇は筒木《つつき》まで出向いて歌を詠み、石之日売《イハノヒメ》に許しを乞うた。

また、天皇は、弟の**速総別王《ハヤブサワケノミコ》**を仲立ちに、**女鳥王《メドリノミコ》**に結婚を申し込んだ。

しかし、石之日売《イハノヒメ》を恐れる女鳥《メドリ》は、これを断り、速総別《ハヤブサワケ》と結婚した。

その後、女鳥《メドリ》は速総別《ハヤブサワケ》に天皇の**暗殺**をそそのかす。**謀反**を知った天皇が軍勢を差し向けると、ふたりは逃げたが、追い詰められて殺された。

Q&A 石之日売《イハノヒメ》の嫉妬は何を意味する？

石之日売《イハノヒメ》は有力豪族の葛城氏《かずらきうじ》出身。石之日売《イハノヒメ》の嫉妬は、宮中での立場の弱い彼女が、皇族の女性たちを天皇から遠ざけるためだったと考えられる。

人物の紹介

仁徳《にんとく》天皇
16代天皇

石之日売《イハノヒメ》
仁徳《にんとく》天皇の皇后

仁徳《にんとく》天皇の女性関係

1 帰郷する黒日売《クロヒメ》

仁徳《にんとく》天皇は吉備《きび》出身の黒日売《クロヒメ》を宮殿に召したが、黒日売《クロヒメ》は、石之日売《イハノヒメ》の嫉妬を恐れて帰国した。天皇は石之日売《イハノヒメ》をだまして吉備《きび》に渡り、黒日売《クロヒメ》と再会した。

河内《かわち》の国
石之日売《イハノヒメ》の出身・葛《かずら》城氏《きうじ》はヤマト政権を支える有力豪族
木《き》の国

2 筒木《つつき》に向かう天皇

石之日売《イハノヒメ》の留守中、天皇は八田若郎女《ヤタノワキイラツメ》と結婚した。怒った石之日売《イハノヒメ》は、天皇のいる難波《なにわ》に戻らず、筒木《つつき》にこもったため、天皇は筒木《つつき》に出向いた。

あなたが騒がしいので、私は多くのお伴を連れてやって来ました

3 皇后に許しを乞う天皇

天皇は、石之日売《イハノヒメ》を想う歌を使者に託したが、石之日売《イハノヒメ》の心は変わらなかった。そこで、天皇が自ら筒木《つつき》の宮の戸口に立ち、歌を送って仲直りした。

4 女鳥《メドリ》の反逆

天皇からの求婚を断り、天皇の弟・速総別《ハヤブサワケ》と結婚した女鳥《メドリ》(仁徳《にんとく》天皇の異母妹)は、速総別《ハヤブサワケ》に天皇暗殺をそそのかす。反逆を知った天皇から追討されたふたりは、追い詰められて殺された。

天皇の紹介

仁《にん》徳《とく》天《てん》皇《のう》

別名 **大雀命《オホサザキノミコト》、大鷦鷯天皇《オホサザキノスメラミコト》**

父親 **応神《おうじん》天皇**

物語に彩られた実在の可能性が高い天皇

16代**仁徳《にんとく》天皇**は**応神《おうじん》天皇**の子で、名は**大雀命《オホサザキノミコト》**。人家から**竈《かまど》**の煙が上っていないのを見て人々の困窮を知り、三年間、**労役**と**租税**を免除し、**聖《ひじり》の帝《みかど》**と賞賛されたという。この挿話は、中国の**儒教《じゅきょう》**の影響を強く受けており、**仁徳《にんとく》**という**諡号《しごう》**（贈り名）にも、それが表れている。

しかしこれは、儒教が理想とする人物像であり、古事記の仁徳《にんとく》天皇は、**石之日売《イハノヒメ》**の目を盗んで浮気を繰り返す人物として描かれている。

帰国した**黒日売《クロヒメ》**を惜しむ仁徳《にんとく》天皇は、皇后に嘘をついて黒日売《クロヒメ》と再会し、皇后の異母妹と結婚し、嫉妬して家出をした皇后の機嫌を取るために、皇后の滞在先を訪ねる。

さらに、**女鳥王《メドリノミコ》**に求婚するため、弟・**速総別王《ハヤブサワケノミコ》**を仲立ちとして送ったところ、ふたりは結婚し、天皇暗殺を計画。**謀反**を知った仁徳《にんとく》天皇は、ふたりを殺害してしまう。

これらの仁徳《にんとく》天皇の挿話は、いわゆる「物語」であるが、五世紀前半に**実在**した人物と考えられている。

中国の歴史書『**宋書《そうじょ》**』の**倭国伝《わこくでん》**に

仁徳天皇をまつる神社

- ◇高津宮（大阪府大阪市）（➡P165）
- ◇難波神社（大阪府大阪市）
- ◇富岡八幡宮（東京都江東区）
- ◇若宮神社（東京都日野市）
- ◇若宮八幡宮（神奈川県川崎市）
- ◇若宮八幡社（愛知県名古屋市）
- ◇若宮八幡宮社（京都府東山区）

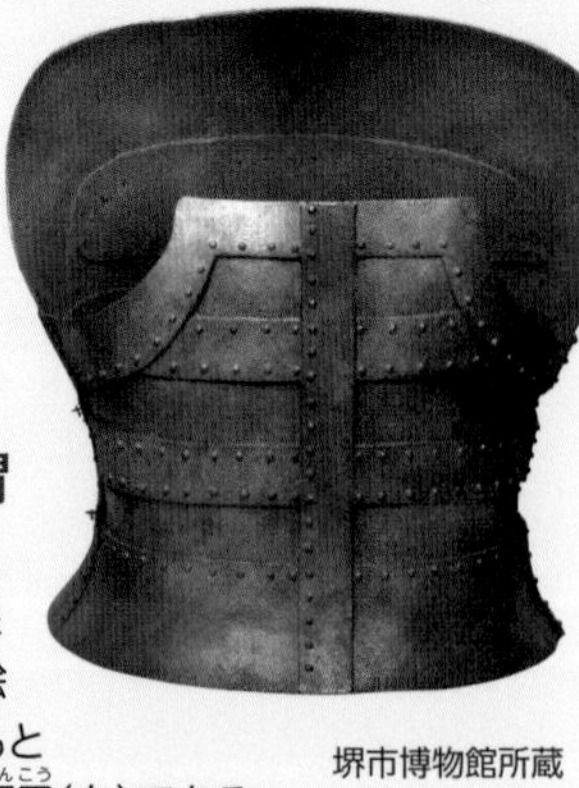

堺市博物館所蔵

仁徳《にんとく》天皇陵出土甲冑（復元）

1872（明治５）年、仁徳《にんとく》天皇陵から副葬品が発見され、絵図が残された。その絵図をもとに復元した眉庇付冑《まびさしつきかぶと》（上）と短甲《たんこう》（右）である。

は、倭国（日本）の王が宋に朝貢したことが記され、**讃《さん》・珍《ちん》・済《せい》・興《こう》・武《ぶ》**の名が見られる。

この五人は、**倭の五王**と呼ばれ、どの王が、どの天皇を指すのかは諸説あるが、讃《さん》は仁徳《にんとく》天皇（または履《り》中《ちゅう》天皇）と考えられている。

また、日本最大の前方後円墳・**大《だい》山《せん》古墳**（大阪府堺市）は**仁徳《にんとく》天皇陵**と伝えられてきたが、実際に仁徳《にんとく》天皇が葬られているかは不明である。

しかし、この時期に、**ヤマト政権**の権力者が、**大阪湾東岸一帯**を支配していたことは、疑いようがない。

また、全国に点在する**若宮《わかみや》八幡宮**は、八幡神である応神《おうじん》天皇の子である仁徳《にんとく》天皇を「若宮」としてまつった神社のことである。

「仁徳天皇」（神宮徴古館所蔵）

国を見渡す仁徳《にんとく》天皇

三年間の免税後に、仁徳《にんとく》天皇が国を見渡すと、人々の家の竈《かまど》から煙が立ち上っていた。

仁徳《にんとく》天皇陵（大山《だいせん》古墳）

巨大な前方後円墳が集中する百舌鳥《もず》古墳群にある日本最大の古墳。墳丘は全長約486m。

下巻 41

兄弟間の激しい皇位継承争い
墨江中王《スミノエノナカツミコ》の反乱

人物の紹介

履中《りちゅう》天皇
17代天皇。伊耶本和気王《イザホワケノミコ》

墨江中王《スミノエノナカツミコ》
履中《りちゅう》天皇の弟

水歯別命《ミズハワケノミコト》
墨江中王《スミノエノナカツミコ》の弟

飛鳥《あすか》の地名の由来が語られる

仁徳《にんとく》天皇の死後、その御子《みこ》・**伊耶《イザ》本和気王《ホワケノミコ》**が17代**履中《りちゅう》天皇**として、**難《なに》波《わ》の宮**で即位した。即位の祝宴で、天皇は酒に酔って寝てしまう。

すると、天皇の弟・**墨江中王《スミノエノナカツミコ》**は、天皇を殺そうとして宮殿に火を放った。＊**倭《やまと》の漢直《あやのあたい》**の**阿知直《アチノアタヒ》**が、ひそかに天皇を救い出し、**大和《やまと》の石上《いそのかみ》神宮**（⬇P121）に連れて行くと、そこに、天皇の弟・**水歯別命《ミズハワケノミコト》**が救援のために参上した。

しかし天皇は、水歯別《ミズハワケ》も自分の命を狙っていると疑い、「今すぐ墨江《スミノエ》中王《ナカツミコ》を殺してこい」と命じた。

すぐさま水歯別《ミズハワケ》は難波《なにわ》へ引き返し、墨江中王《スミノエノナカツミコ》の側近・**曾婆訶里《ソバカリ》**を騙《だま》し、**大臣《おおおみ》**の位を餌に、「おまえの主人を殺せ」とそそのかす。

曾婆訶里《ソバカリ》は墨江中王《スミノエノナカツミコ》を殺害したが、曾婆訶里《ソバカリ》を危険視した水歯別《ミズハワケ》は、曾《ソ》婆訶里《バカリ》を連れて大和《やまと》に向かうとき、大和《やまと》の入り口で、「今日はここに泊まり、**明日《あす》**、大和《やまと》へ行こう」と言って、**酒宴**を催し、その席で曾婆訶里《ソバカリ》を斬殺。このため、この地は**近《ちか》つ飛鳥《あすか》**（大阪府羽曳野市飛鳥）と呼ばれるようになった。

大和《やまと》に入った水歯別《ミズハワケ》は、「今日は穢《けが》れを払う**禊《みそぎ》**をして、**明日《あす》**、石上《いそのかみ》神宮に行こう」と言い、翌日、天皇のもとに参上した。それで、この地は**遠《とお》つ飛鳥《あすか》**（奈良県明日香村飛鳥）と呼ばれるようになった。

Q&A

墨江中王《スミノエノナカツミコ》の反乱が意味するものは？

皇位継承は「父から子」が基本であったが、仁徳《にんとく》の子の世代から、「兄から弟」による継承が定着。以後、皇位をめぐる兄弟間の争いが増えていく。

＊**倭《やまと》の漢直《あやのあたい》**／中国系の渡来人。

反乱をしずめる水歯別《ミズハワケ》

1 墨江中王《スミノエノナカツミコ》の殺害を命じられる水歯別《ミズハワケ》

水歯別《ミズハワケ》は、墨江中王《スミノエノナカツミコ》に命を狙われた履《り》中《ちゅう》天皇を助けるため、滞在先の石上神宮《いそのかみ》に向かう。水歯別《ミズハワケ》を疑う天皇は会おうとせず、墨江中王《スミノエノナカツミコ》の殺害を命じる。

2 曾婆訶里《ソバカリ》をそそのかす水歯別《ミズハワケ》

水歯別《ミズハワケ》は、墨江中王《スミノエノナカツミコ》の側近・曾婆訶里《ソバカリ》を騙《だま》して、墨江中王《スミノエノナカツミコ》を殺害させる。その後、水歯別《ミズハワケ》は、曾婆訶里《ソバカリ》を殺し、天皇のもとに参上する。

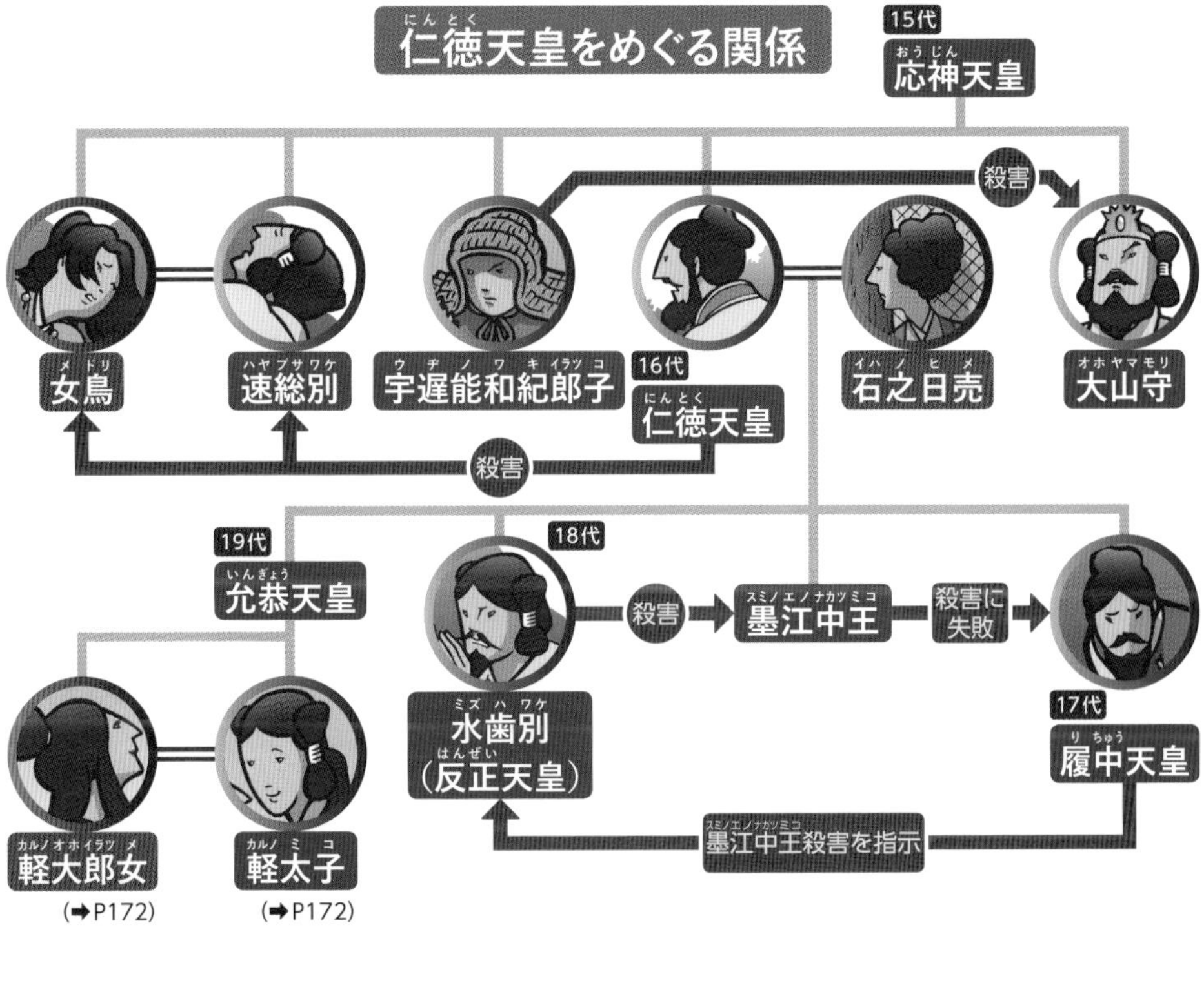

(➡P172) (➡P172)

下巻 42

軽太子《カルノミコ》の恋

悲劇に終わった兄妹の禁断の恋

恋に落ちた兄妹がたどる悲劇の運命

履中《りちゅう》天皇を継いだ**水歯別《ミズハワケ》**（**反正《はんぜい》天皇**）が亡くなると、その弟・**男浅津《ヲアサツ》間若子宿禰命《マノワクゴノスクネノミコト》**が19代**允恭《いんぎょう》天皇**として即位し、その後、世継ぎに長子の**木《キ》梨之軽太子《ナシノカルノミコ》**を指名した。

しかし軽太子《カルノミコ》は、允恭《いんぎょう》天皇の死後、即位前に、同母妹の**軽大郎女《カルノオホイラツメ》**と道ならぬ恋に落ち、「**乱《みだ》れば乱《みだ》れ　さ寝《ね》しさ寝《ね》てば**（ふたりの仲が乱れて離れ離れになっても構わない。こうして一緒に寝さえしたなら）」という歌を詠んだ。

当時、同母兄妹婚は**禁忌《きんき》**であったため、この密通が知れ渡ると、人心は軽太子《カルノミコ》から離れ、その弟・**穴穂御《アナホノミ》子《コ》**（後の**安康《あんこう》天皇**）が期待を集めた。

危機感を抱いた軽太子《カルノミコ》は、大臣《おおおみ》の**大前小前宿禰《オホマヘヲマヘノスクネ》**の館に逃げ込み、武器を用意しはじめた。

穴穂御子《アナホノミコ》は軍勢を率いて軽太子《カルノミコ》が潜む館を取り囲むと、大前小前宿禰《オホマヘヲマヘノスクネ》が出てきて「兄君に**兵**を差し向けてはなりません。私が捕らえてきます」と言って、軽太子《カルノミコ》を穴穂御子《アナホノミコ》に引き渡した。こうして軽太子《カルノミコ》は*****伊《い》余《よ》の湯《ゆ》**に流された。

残された軽大郎女《カルノオホイラツメ》は、軽太子《カルノミコ》を慕う気持ちが抑え難くなり、「**迎《むか》へを行《ゆ》かむ　待《ま》つには待《ま》たじ**（お迎えに参りましょう。もうお待ちいたしません）」と歌を詠み、軽太子《カルノミコ》を追って伊余《いよ》に向かった。そして、再会を果たしたふたりは、自害したのである。

Q&A

軽太子《カルノミコ》の恋は本当にあった？

軽太子《カルノミコ》の同母兄妹婚は、穴穂御子《アナホノミコ》が即位する経緯を、禁断の恋の結末としてドラマチックに描くために創作されたものだと考えられる。

＊**伊余の湯《いよのゆ》**／愛媛県松山市の道後温泉。

人物の紹介

木梨之軽太子《キナシノカルノミコ》
允恭《いんぎょう》天皇の子

軽大郎女《カルノオホイラツメ》
軽太子《カルノミコ》の妹

軽太子《カルノミコ》の禁断の恋

1 後継者となる軽太子《カルノミコ》

允恭《いんぎょう》天皇は、長子の軽太子《カルノミコ》を後継者に指名する。

2 軽大郎女《カルノオホイラツメ》との恋

軽太子《カルノミコ》は、同母妹の軽大郎女《カルノオホイラツメ》と結ばれる。このため、人心が離れた。当時、母が違えば兄妹の結婚は問題なかったが、母が同じ場合は禁忌《きんき》であった。

3 流刑に処される軽太子《カルノミコ》

天皇の没後、軽太子《カルノミコ》の弟・穴穂御子《アナホノミコ》が期待を集める。反発した軽太子《カルノミコ》は挙兵を企てるが、穴穂御子《アナホノミコ》の軍勢に捕らえられ、伊余《いよ》の湯《ゆ》へ流される。

4 軽太子《カルノミコ》を追う軽大郎女《カルノオホイラツメ》

軽太子《カルノミコ》を慕う気持ちが抑えられなくなった軽大郎女《カルノオホイラツメ》は、伊余《いよ》に旅立ち、再会を果たし、そのままふたりは自害した。

道後《どうご》温泉
(愛媛県松山市)

軽太子《カルノミコ》が流された伊予《いよ》の湯《ゆ》とは、道後温泉のこと。日本最古の温泉として知られる名湯で、写真の道後温泉本館は重要文化財に指定されている。

写真提供／
(一社)愛媛県観光物産協会

下巻 43

安康《あんこう》天皇が子どもに殺される
目弱王《マヨワノミコ》の復讐

人物の紹介

大長谷王子《オホハツセノミコ》
安康《あんこう》天皇の弟。雄略《ゆうりゃく》天皇

目弱王《マヨワノミコ》
大日下王《オホクサカノミコ》の子

安康《あんこう》天皇
20代天皇。穴穂御子《アナホノミコ》

使者の嘘を信じた天皇が悲劇を起こす

軽太子《カルノミコ》が自害したため、**穴穂御子《アナホノミコ》**が20代**安康《あんこう》天皇**として即位した。

あるとき天皇は、弟の**大長谷王子《オホハツセノミコ》**の妻として、叔父の**大日下王《オホクサカノミコ》**の妹・**若日下部王《ワカクサカベノミコ》**を迎え入れたいと思い、**根臣《ネノオミ》**を使者として送った。

大日下《オホクサカ》は喜び、豪華な結納の品を持たせたが、根臣《ネノオミ》は結納の品を盗み取り、天皇には、「大日下《オホクサカ》は縁談を断った」と、嘘をついた。激怒した天皇は大日下《オホクサカ》を殺害し、**正妻**を奪って皇后にした。

天皇は、大日下《オホクサカ》と皇后との間に生まれた**目弱王《マヨワノミコ》**も引き取っていた。七歳の目弱《マヨワ》は、偶然、天皇が自分の父を殺したことを知る。仇《かたき》を打つため、目弱《マヨワ》は天皇を殺し、＊**葛城氏《かずらきうじ》**の**都夫《ツブ》良意富美《ラオホミ》**の館に逃げ込んだ。

天皇殺害を知った大長谷《オホハツセ》は対応を協議するため兄・**黒日子王《クロヒコノミコ》**のもとを訪れるが、煮え切らない態度を取ったため斬殺する。その後、大長谷《オホハツセ》はもうひとりの兄・**白日子王《シロヒコノミコ》**のもとに向かうが、無関心な態度を取ったため、**生き埋め**にして殺害した。

そして、大長谷《オホハツセ》は**軍勢**を引き連れて、都夫良意富美《ツブラオホミ》の館を取り囲んだが、都夫良意富美《ツブラオホミ》は、「あなたには勝てないでしょう。しかし、**臣下である私**を頼ってくださった目弱王《マヨワノミコ》を、見捨てるわけにはいかない」と告げ、最後まで戦い続けた。そして力尽きると、目弱《マヨワ》を刺殺して自害した。

Q&A

目弱《マヨワ》の年齢は七歳ではない？

目弱《マヨワ》は七歳とされるが、その行動は七歳とは思えない。神聖な天皇が殺害されるという衝撃を和らげる目的でこの年齢に設定されたと考えられる。

＊**葛城氏《かずらきうじ》**／奈良盆地西部を支配していた豪族。

目弱《マヨワ》を倒す大長谷《オホハツセ》

1 目弱《マヨワ》が天皇を殺害

安康《あんこう》天皇は、家臣の嘘の報告から大日下《オホクサカ》を殺害。その妻と子・目弱《マヨワ》を引き取った天皇が父の仇《かたき》だと知った目弱《マヨワ》は、天皇を殺害する。

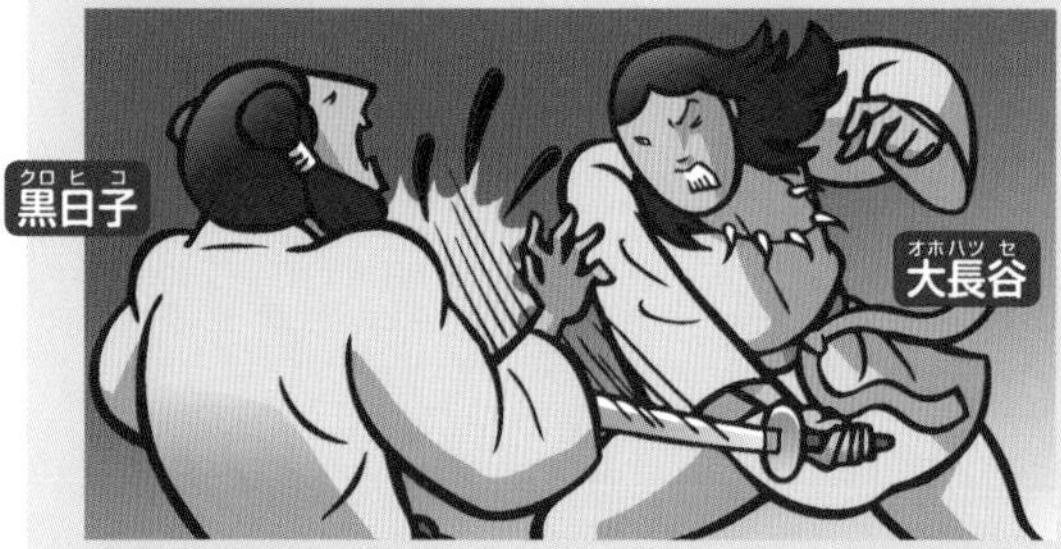

2 大長谷《オホハツセ》が兄を殺害

天皇殺害を知った大長谷《オホハツセ》は、煮え切らない態度を取る兄の黒日子《クロヒコ》を斬殺。続いて、無関心だった兄・白日子《シロヒコ》を生き埋めにして殺害した。

3 目弱《マヨワ》の滅亡

大長谷《オホハツセ》は軍勢を引き連れて、目弱《マヨワ》をかくまう都夫良意富美《ツブラオホミ》を攻める。敗れた都夫良意富美《ツブラオオミ》は、目弱《マヨワ》を刺殺して自害する。

皇族内での激しい抗争

安康《あんこう》天皇の周辺では殺害事件が多発した。

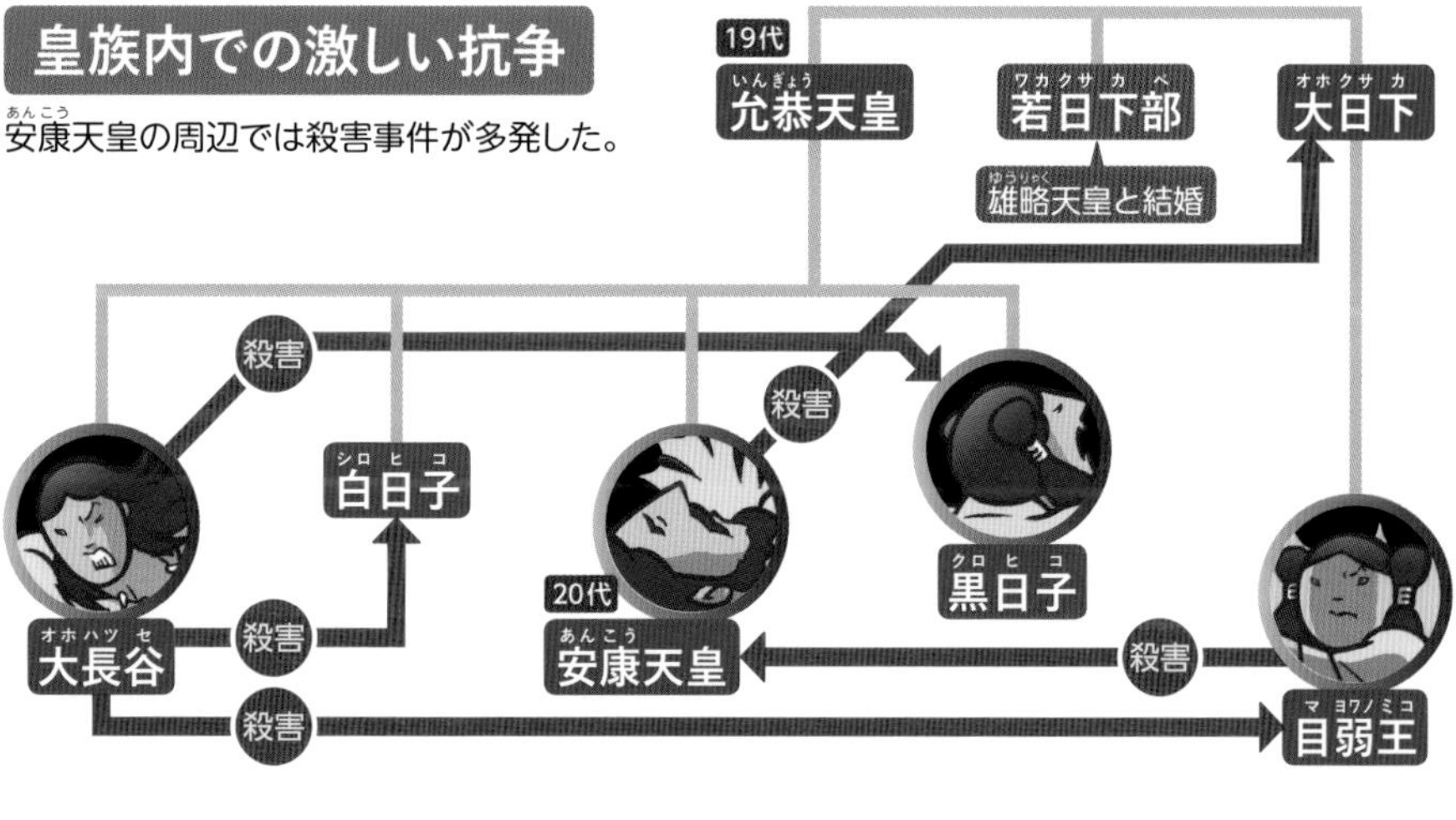

皇位継承候補者を抹殺する 雄略天皇《ゆうりゃくてんのう》の即位

人物の紹介

雄略天皇《ゆうりゃく》
21代天皇。大長谷王子《オホハツセノミコ》

市辺之忍歯王《イチノベノオシハノミコ》
履中《りちゅう》天皇の子

即位後に葛城山《かずらきやま》で一言主大神《ヒトコトヌシノオホカミ》に出会う

目弱《マヨワ》を倒した**大長谷**《オホハツセ》は、皇位継承候補者であった従兄弟・**市辺之**《イチノベノ》**忍歯王**《オシハノミコ》（履《り》中《ちゅう》天皇の子）と一緒に**近江**《おうみ》（滋賀県）まで狩りに出かけた。

そこで大長谷《オホハツセ》は、忍歯《オシハ》の馬を追いかけて並ぶと、いきなり矢で**射殺**する。忍歯《オシハ》のふたりの御子《みこ》・**意祁王**《オケノミコ》と**袁祁王**《ヲケノミコ》（⬇P180）は、危機を悟って逃亡した。こうして、皇位継承候補者を排除した大長谷《オホハツセ》は、21代**雄**《ゆう》**略**《りゃく》**天皇**として即位した。

あるとき天皇は、＊**志幾**《しき》**の県主**《あがたぬし》の家に**堅魚木**《かつおぎ》（棟飾り）があるのを見て、「あの家は天皇の宮殿に似せている」と激怒し、焼き払おうとする。県主《あがたぬし》が謝罪し、お詫びの品として**布**をかけた**白い犬**を献上すると、それを**若日下部**《ワカクサカベ》（大日下《オホクサカ》の妹）に結納品として贈り、皇后にした。そして、「あとで一緒に寝よう、私の**いとしい妻よ**」と歌に詠んだ。

またあるとき、**葛城山**《かずらきやま》に登って狩りをしていた天皇は、大きな**猪**に追いかけられ、恐怖のあまり**榛**《はん》**の木**の上に登って逃げた。

再び葛城山に登った天皇は、悪い事も善い事も一言で言い放つ神である**一言主大神**《ヒトコトヌシノオホカミ》に出会う。天皇が畏《かしこま》って自分の太刀や弓、衣服を献上すると、**一言主**《ヒトコトヌシ》は手を打って喜び、献上品を受け取った。そして、天皇を宮殿近くまで送り届けたのである。

Q&A 大きな猪は一言主《ヒトコトヌシ》の化身？

雄略《ゆうりゃく》天皇が最初に会った猪は一言主《ヒトコトヌシ》の化身と考えられる。二度目に一言主《ヒトコトヌシ》が姿を現した意味は、葛城《かずらき》氏《うじ》の服属とも理解できる。

＊**志幾**《しき》**の県主**《あがたぬし》／大阪府柏原市付近を支配した豪族。

雄略《ゆうりゃく》天皇となる大長谷《オオハツセ》

2 雄略《ゆうりゃく》天皇の即位

皇位継承の候補者を完全に排除した大長谷《オホハツセ》は、雄《ゆう》略《りゃく》天皇として即位する。天皇は、大日下《オホクサカ》の妹・若日下部《ワカクサカベ》を皇后とする。また、天皇は葛城山《かずらきやま》で大きな猪に出会ったときは木に登って逃げたが、次に登ったときは、一言主大神《ヒトコトヌシノオホカミ》と出会い、太刀や弓などを献上し、神を喜ばせた。

1 忍歯《オシハ》の殺害

大長谷《オホハツセ》は、忍歯《オシハ》を誘って狩りに出ると、いきなり矢で射殺。遺体を切り刻んで飼葉桶《かいばおけ》に入れ、地面に埋めた。

古事記ゆかりの 神社紹介

一言主大神《ヒトコトヌシノオホカミ》をまつる

葛《かつら》城《ぎ》一《ひと》言《こと》主《ぬし》神《じん》社《じゃ》

創建年 不明（古代）

所在地 奈良県御所市森脇四三二

一言主大神《ヒトコトヌシノオホカミ》と**雄略天皇**《ゆうりゃく》（祭神名は**幼武尊**《ワカタケノミコト》）をまつる神社で、雄《ゆう》略《りゃく》天皇が**葛城山**で一言主大神《ヒトコトヌシノオホカミ》に出会い、**太刀**や**弓**を献上した地に創建されたと伝えられる。一言主大神《ヒトコトヌシノオホカミ》は、一言でお告げを下すため、「**一言**《いちごん》**さん**」として親しまれ、一言ならば、どのような願いでも叶えてくれると信じられている。

◘社殿・雄略《ゆうりゃく》天皇像

社殿（写真上）。全国の一言主《ヒトコトヌシ》神社の総本山として信仰を集める。**雄略《ゆうりゃく》天皇像**（写真左）。古事記によれば、一言主大神《ヒトコトヌシノオホカミ》は雄略《ゆうりゃく》天皇と同じ装束で現れたという。

写真提供／葛城一言主神社

天皇の紹介

雄《ゆう》略《りゃく》天《てん》皇《のう》

別名　大長谷若建命《オホハツセワカタケノミコト》、大泊瀬幼武《オホハツセワカタケ》
父親　允恭《いんぎょう》天皇

即位後には女性と歌を詠み交わす

雄略天皇《ゆうりゃく》は残虐な天皇としての印象が強いが、古事記では、**葛城山**《かずらきやま》で**猪**に追いかけられたとき、木に登って逃げるなど、軟弱な姿も記されている。そして、二度目に登ったとき、**一言主大神**《ヒトコトヌシノオホカミ》と出会い、太刀や弓を献上する。

しかし日本書紀の雄略《ゆうりゃく》天皇は、一言主大神《ヒトコトヌシノオホカミ》と対等な立場となり、猪を自ら蹴り殺す。日本書紀は、天皇賛美を目的としているため、こうした違いが生じたのである。

また古事記では、雄略《ゆうりゃく》天皇の女性関係について、優雅な歌物語として記述されている。**志《し》幾《き》の県主《あがたぬし》**に献上させた**白い犬**と布を**若日下部**《ワカクサカベ》に贈り、妻にした。

そして、**「後《のち》もくみ寝《ね》む　その思《おも》ひ妻《づま》**（あとで一緒に寝よう、私のいとしい妻よ）」と歌に詠むのである。

また、**美和河**《みわがわ》で美しい少女・**赤猪子**《アカヰコ》と出会ったとき、雄略《ゆうりゃく》天皇は、「どこにも嫁ぐな。近々、宮中に召そう」と命じたが、この約束を忘れてしまう。赤猪子《アカヰコ》は**八十年間**待ち続けて、雄略《ゆうりゃく》天皇のもとを訪れたが、「どこ

雄略天皇をまつる神社
- 葛城一言主神社（奈良県御所市）（➡P179）
- 矢刺神社（奈良県御所市）

「月耕随筆　雄略天皇　葛城山狩図」（山口県立萩美術館・浦上記念館所蔵）

猪を蹴り殺す雄略《ゆうりゃく》天皇

古事記では、猪を恐れた雄略《ゆうりゃく》天皇は木に登って逃げ、猪の恐ろしさについて歌を詠むが、日本書紀では、猪から逃げて木に登るのは気弱な従者の方で、雄略《ゆうりゃく》天皇は突進してくる猪を矢で射た後に、蹴り殺す。

の婆さんだ」と言われてしまう。

赤猪子《アカキコ》は「今日まで待っていましたが、老い衰えてしまった」と嘆く。驚いた雄略《ゆうりゃく》天皇は、妻にするのは遠慮したが、「**若《わか》くへに　率寝《ゐね》てましもの**（若い頃に一緒に寝ればよかったものを」と歌に詠む。

また、**吉野の宮**に出かけたときは、吉野川のほとりで美しい少女と出会い、琴を弾きながら少女に舞をまわせ、その美しさを歌に詠む。

袁杼比売《ヲドヒメ》に会うために**春日《かすが》**に出かけたときは、恥ずかしがって丘のほとりに隠れた袁杼比売《ヲドヒメ》に対して、「**鋤《すき》**で土を掘り返して、乙女を探そう」という意味の歌を詠むのである。

雄略《ゆうりゃく》天皇は、実在性が確かな天皇としても知られ、稲荷《いなり》山古墳（埼玉県行田市）から出土した鉄剣の銘文に記された「**獲加多支鹵大王《ワカタケルノオホキミ》**」は、雄略《ゆうりゃく》天皇とする説が有力である。

葛城山（奈良県・大阪府）
雄略《ゆうりゃく》天皇が一言主大神《ヒトコトヌシノオホカミ》と出会い、また猪狩りを行ったとされる山。標高は959m。

稲荷《いなり》山《やま》古墳出土鉄剣

稲荷山古墳から出土した鉄剣で、両面に一一五文字が金象嵌《きんぞうがん》（彫った部分に金をはめ込む装飾技法）で、刀の由来が刻まれている。

表

辛亥《しんがい》の年、七月に記す。私は乎獲居《ヲワケ》の臣。一番の祖先の名は意富比垝《オオヒコ》、その子は児多加利足尼《コタカリスクネ》、その子の名は弖已加利獲居《テコカリワケ》、その子の名は多加披次獲居《タカハシワケ》、その子の名は多沙鬼獲居《タサキワケ》、その子の名は半弖比《ハテヒ》。

裏

その子の名は加差披余《カサヒヨ》、その子の名は乎獲居《ヲワケ》の臣。先祖代々、杖刀人《じょうとうにん》（大王の親衛隊）の長として仕え、今に至っている。獲加多支鹵大王《ワカタケルノオホキミ》の朝廷が斯鬼宮《しきのみや》にある時、私は大王が天下を治めるのを補佐した。この何回も鍛えた鋭利な刀を作らせ、私が仕えてきた由来を記しておくものである。

「金錯銘鉄剣」（文化庁所有／埼玉県立さきたま史跡の博物館写真提供）

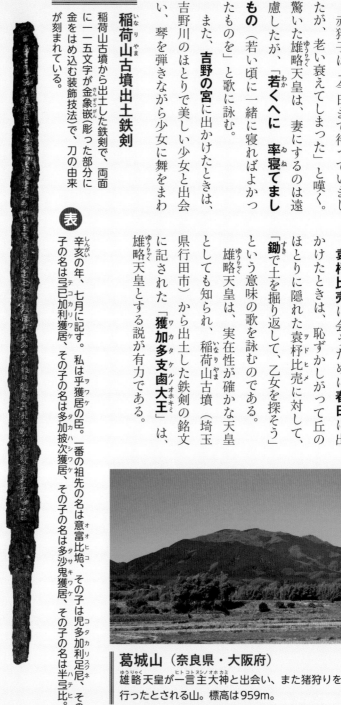

下巻 45

発見された忍歯王《オシハノミコ》のふたりの御子《みこ》

意祁王《オケノミコ》と袁祁王《ヲケノミコ》

忍歯王《オシハノミコ》の子が復讐の連鎖を断ち切る

雄略天皇《ゆうりゃく》の死後、その**御子**《みこ》が22代**清寧天皇**《せいねい》として即位したが、子がないまま死去した。この緊急事態に、**忍歯王**《オシハノミコ》の妹の＊**飯豊王**《イヒトヨノミコ》が政務をとることになった。

そんななか、**山部連小楯**《ヤマノベノムラジヲダテ》が**播磨**《はりま》**の国**《くに》（兵庫県）の長官に任命されたとき、**志自牟**《しじむ》という豪族の宴会に出席した。その宴会では全員が舞うことになり、火を焚く係のふたりの少年も舞うことになった。

弟が「**兄さんが先に**」と言い、兄も「**弟よ、先に舞え**」と譲り合う。

結局、兄が先に舞ったが、次に舞おうとした弟は、自分の想いを歌った。

それは、「**私は忍歯王**《オシハノミコ》**の子である**」という内容であった。仰天した小楯《ヲダテ》は、ふたりを膝の上にのせて泣き、すぐに朝廷に報告した。

都に呼ばれたふたりの御子《みこ》（兄・**意祁王**《オケノミコ》と弟・**袁祁王**《ヲケノミコ》）は、皇位を譲り合った末に、弟の袁祁《ヲケ》が23代**顕宗**《けんぞう》**天皇**として即位した。

顕宗《けんぞう》天皇は、父を殺害した雄略《ゆうりゃく》天皇を許せず、陵墓を破壊したいと考えた。すると兄の意祁《オケ》が、「私が破壊してきます」と引き受けた。

ところが、意祁《オケ》は陵墓を少し掘っただけで帰ってきて、「**報復**の気持ちを示すなら、少し掘っただけで十分」と諭《さと》し、顕宗《けんぞう》天皇も納得した。顕宗《けんぞう》天皇の没後、意祁《オケ》は24代**仁賢**《にんけん》**天皇**として即位した。

Q&A 意祁《オケ》と袁祁《ヲケ》はなぜ年を取らない？

意祁《オケ》と袁祁《ヲケ》が逃亡したのは雄略《ゆうりゃく》天皇の即位前であるが、天皇の没後も少年のままの設定となっている。二王子の発見の逸話は創作と考えられる。

人物の紹介

意祁王《オケノミコ》
袁祁《ヲケ》の兄。24代仁賢《にんけん》天皇

袁祁王《ヲケノミコ》
意祁《オケ》の弟。23代顕宗《けんぞう》天皇

＊**飯豊王**《イヒトヨノミコ》／履中《りちゅう》天皇の娘で、葛城《かずらき》の角刺宮《つのさしのみや》で臨時に政務をとった。

意祁《オケ》と袁祁《ヲケ》の発見

1 父の殺害を知って逃亡

父・忍歯《オシハ》が大長谷《オホハツセ》(雄略《ゆうりゃく》天皇)に殺されたことを知った意祁《オケ》と袁祁《ヲケ》は、身の危険を感じて逃亡し、播磨《はりま》の国《くに》の豪族のもとで、身分を隠して働いた。

2 二王子の発見

播磨《はりま》の長官・小楯《ヲダテ》は、豪族の宴会に参加したとき、袁祁《ヲケ》が身分を明かす歌を聞く。小楯《ヲダテ》はすぐに朝廷に報告し、意祁《オケ》と袁祁《ヲケ》は皇位継承者として迎えられた。

3 雄略《ゆうりゃく》天皇への報復

顕宗《けんぞう》天皇となった袁祁《ヲケ》は、雄略《ゆうりゃく》天皇の陵墓を破壊しようとする。これを引き受けた意祁《オケ》は、陵墓をわずかに掘って帰り、「すべて破壊すれば、後世の人は必ず非難します。これで十分です」と諭す。顕宗《けんぞう》天皇は、「あなたの振る舞いは、道理にかなっています」と、納得した。

顕宗《けんぞう》天皇の死後、意祁《オケ》は仁賢《にんけん》天皇として即位し、以後、仁賢《にんけん》天皇の血筋によって皇位は継承されていく。

仁賢《にんけん》天皇から33代推古《すいこ》天皇までは系譜のみが記され、古事記は終了する。

古《こ》墳《ふん》時代の甲《かっ》冑《ちゅう》

鉄板を留めた短甲《たんこう》と小札《こざね》を綴《つづ》った挂甲《けいこう》

古事記の舞台である**古墳時代の甲《よろい》**は、**短甲《たんこう》**と**挂甲《けいこう》**に分かれる。

短甲《たんこう》は、薄い鉄板を革紐《かわひも》や鉄鋲《てつびょう》などで留めた**胴を守る防具**で、二本の肩紐《かたひも》を結んで支える。木製の短甲《たんこう》が登場したのは弥生時代であるが、古墳時代前期の四世紀中頃には、鉄製の短甲《たんこう》がつくられるようになり、五世紀には**鋲留《びょうどめ》**技法の短甲《たんこう》が登場した。

五世紀中頃には、**渡来人**の技術によって、**挂甲《けいこう》**が登場した。挂甲《けいこう》は、鉄・革製の**小札《こざね》**（小さな板）を細い革紐などで**威《おど》した**（綴合《つづりあ》わせた）もので、これにより体の曲げ伸ばしが可能になった。大量生産が難しく、**豪族**な

ど高級武人用であった。

実践的な衝角付冑《しょうかくつきかぶと》と装飾的な眉庇付冑《まびさしつきかぶと》

古墳時代の冑《かぶと》は、**衝角付冑**《しょうかくつきかぶと》と**眉庇**《まびさし》**付冑**《つきかぶと》に分られる。

古墳時代前期に登場した**衝角付冑**《しょうかくつきかぶと》は、鉢前面の衝角《しょうかく》と呼ばれる三角形状の突出部が特徴で、敵の打撃を滑らせる効果があり、実戦向けだった。

眉庇付冑《まびさしつきかぶと》は、**鋲留**《びょうどめ》や**鍍金**《ときん》の技法が発達した五世紀以降に製作された。野球帽のつばのような**眉庇**《まびさし》のほか、**受鉢**などの**装飾的**な付属物で飾られるのが特徴で、挂甲《けいこう》と同様、おもに高級武人が使用した。

短甲《たんこう》や冑《かぶと》は**副葬品**として良好な状態で**出土**することもあるが、挂甲《けいこう》は、紐の腐朽によってバラバラになるため、復元が難しい。

◆武装男子埴輪《ぶそうだんしはにわ》

挂甲《けいこう》を着用し、太刀《たち》と矢を携えた武人姿の埴輪。衝角付冑《しょうかくつきかぶと》には顔を守る頬当が付属する。

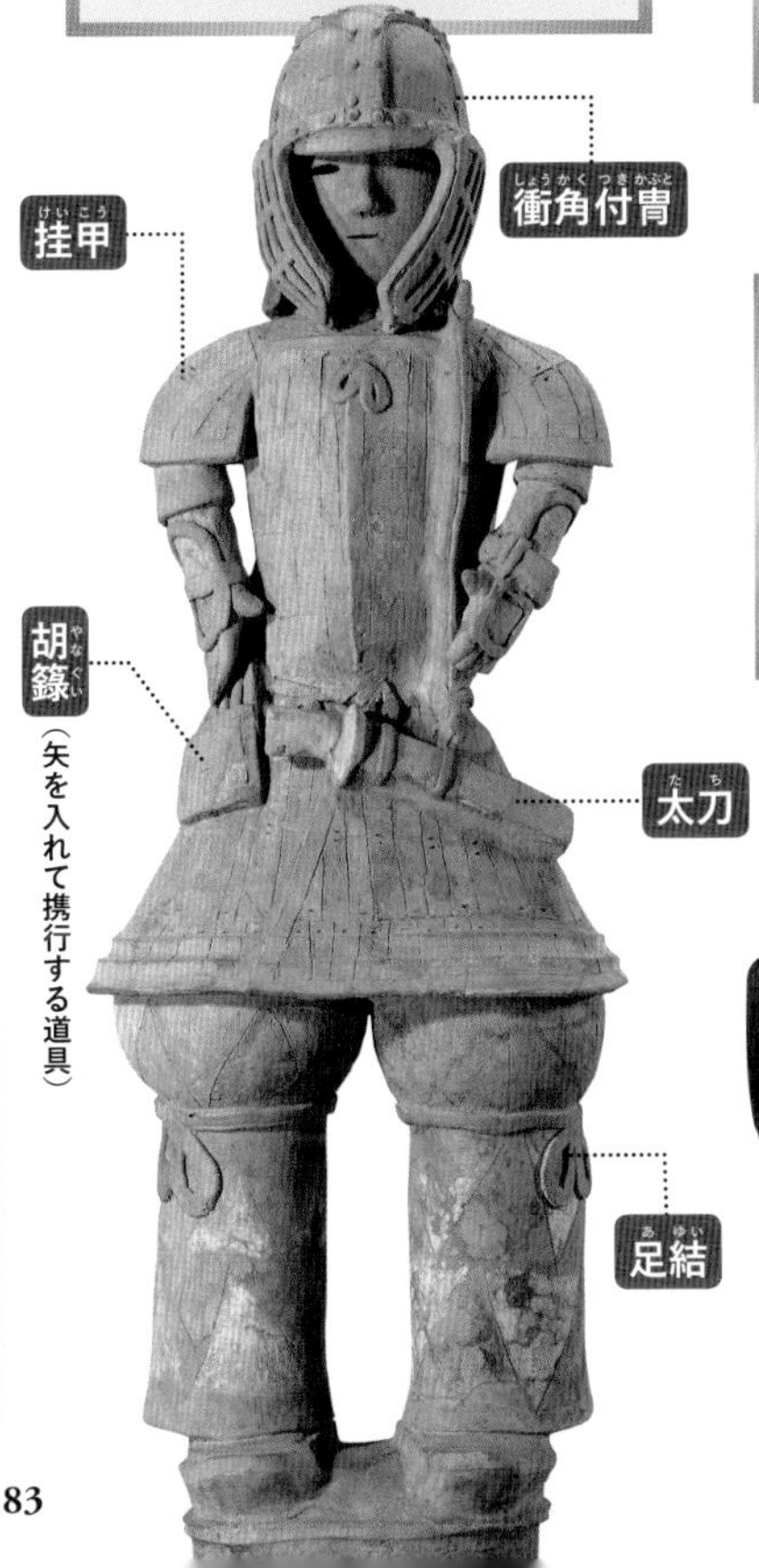

◆衝角付冑《しょうかくつきかぶと》

長方形の鉄板を鋲留《びょうどめ》した冑で、防御力に優れ、実践向きだった。

◆眉庇付冑《まびさしつきかぶと》

鉢に半月形の眉庇《まびさし》が付属し、頭頂部には半球形の伏鉢《ふくばち》をつけ、受鉢《うけばち》を管でつないでのせる。

◆短甲《たんこう》

四角形の鉄板を鋲《びょう》で留めて製作される。腰や腕の部分には独特の曲線が見られる。冑《かぶと》の組み合わせ方に決まりはない。

写真：国立歴史民俗博物館所蔵

全国の神宮二十四社

全国神社マップ

全国に約八万社ある神社の中で、特に格式の高い神社は「神宮」と呼ばれ、全国に二十四社がある。

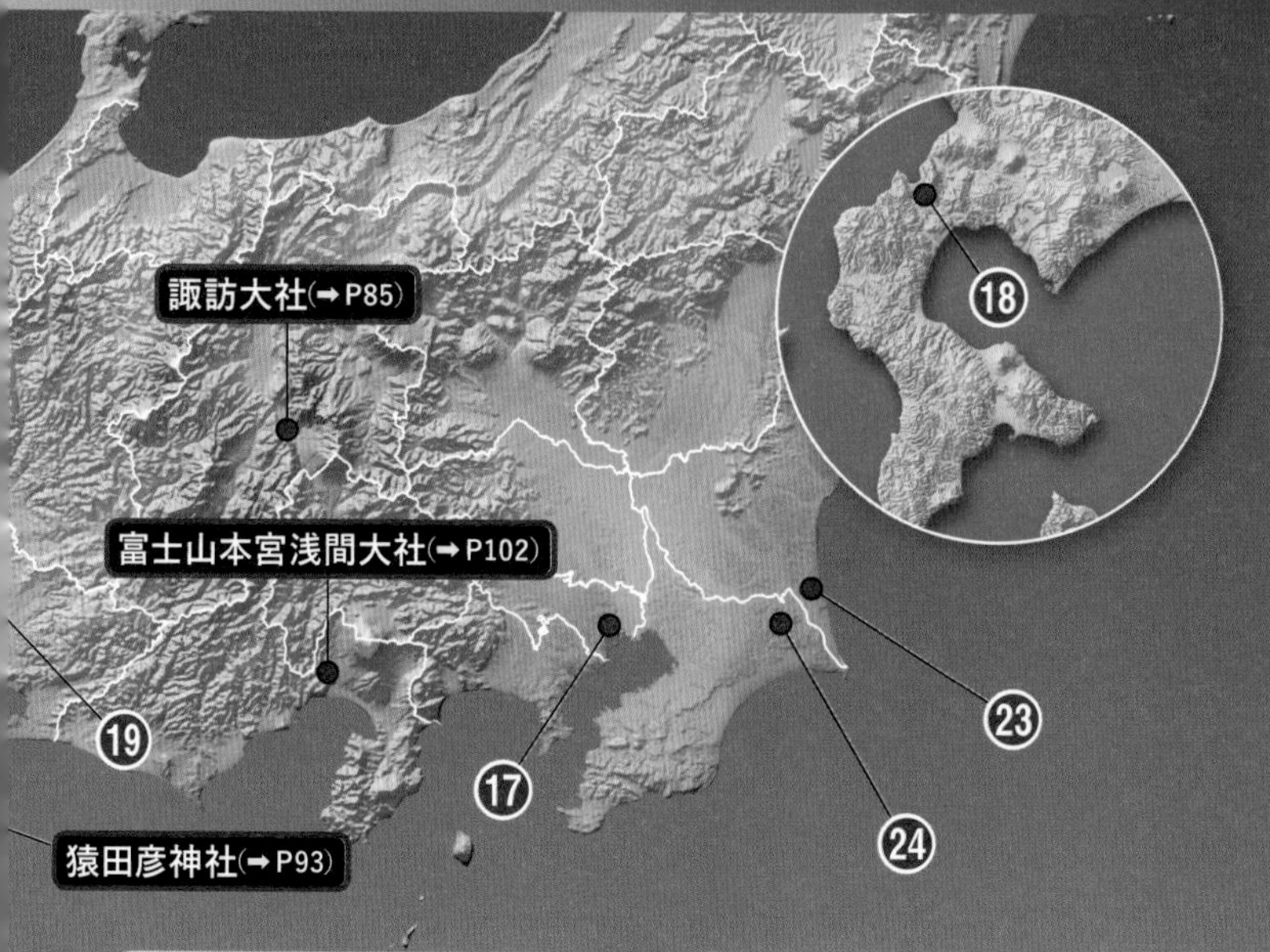

❶ 神宮(伊勢神宮)➡P52

所在地 三重県伊勢市

主祭神 天照大御神《アマテラスオオミカミ》(内宮)・豊受大御神《トヨウケノオオミカミ》(外宮)

❷ 伊弉諾《いざなぎ》神宮

所在地 兵庫県淡路市

祭神 伊弉諾尊《イザナギノミコト》・伊弉冉尊《イザナミノミコト》

❸ 霧島《きりしま》神宮

所在地 鹿児島県霧島市

祭神 天饒石国饒石天津日高彦火瓊瓊杵尊《アメニギシクニニギシアマツヒタカヒコホノニニギノミコト》

❹ 鹿児島《かごしま》神宮

所在地 鹿児島県霧島市

祭神 彦火火出見尊《ヒコホホデミノミコト》・豊玉比売命《トヨタマヒメノミコト》

❺ 鵜戸《うど》神宮➡P103

所在地 宮崎県日南市

祭神 日子波瀲武鸕鷀草葺不合尊《ヒコナギサタケウガヤフキアエズノミコト》

❻ 英彦山《ひこさん》神宮

所在地 福岡県田川郡添田町

祭神 正勝吾勝勝速日天之忍穂耳命《マサカツアカツカチハヤヒアメノオシホミミノミコト》

❼ 橿原《かしはら》神宮➡P120

所在地 奈良県橿原市

祭神 神武《じんむ》天皇

❽ 宮崎《みやざき》神宮

所在地 宮崎県宮崎市

祭神 神武《じんむ》天皇

❾ 氣比《けひ》神宮➡P157

所在地 福井県敦賀市

祭神 伊奢沙別命《イザサワケノミコト》・神功《じんぐう》皇后

❿ 宇佐《うさ》神宮➡P159

所在地 大分県宇佐市

祭神 応神《おうじん》天皇・神功《じんぐう》皇后

⓫ 近江《おうみ》神宮

所在地 滋賀県大津市

祭神 天智《てんじ》天皇

⓬ 白峯《しらみね》神宮

所在地 京都府京都市

祭神 崇徳《すとく》天皇・淳仁《じゅんにん》天皇

「神宮」や「大社」などは、社号《しゃごう》(神社の称号)である。「神宮」とは、皇室との関わりが深い神をまつる格式の高い神社の社号である。「大社」は、出雲大社《いずもおおやしろ》のみを指す社号であったが、戦後に大社を名乗る神社が増えた。八幡宮《はちまんぐう》や天満宮《てんまんぐう》などの「宮《ぐう》」は、皇室関連の神社や、人間神などをまつる神社の社号である。

⑬ 平安神宮《へいあん》

所在地 京都府京都市
祭神 桓武《かんむ》天皇・孝明《こうめい》天皇

⑭ 赤間《あかま》神宮

所在地 山口県下関市
祭神 安徳《あんとく》天皇

⑮ 水無瀬《みなせ》神宮

所在地 大阪府三島郡島本町
祭神 後鳥羽《ごとば》天皇・土御門《つちみかど》天皇・順徳《じゅんとく》天皇

⑯ 吉野《よしの》神宮

所在地 奈良県吉野郡吉野町
祭神 後醍醐《ごだいご》天皇

⑰ 明治《めいじ》神宮

所在地 東京都渋谷区
祭神 明治《めいじ》天皇・昭憲皇太后《しょうけんこうたいごう》

⑱ 北海道《ほっかいどう》神宮

所在地 北海道札幌市
祭神 明治《めいじ》天皇

⑲ 熱田《あつた》神宮 ➡P147

所在地 愛知県名古屋市
祭神 熱田大神《アツタノオオカミ》

⑳ 石上《いそのかみ》神宮 ➡P121

所在地 奈良県天理市
祭神 布都御魂大神《ふつのみたまのおおかみ》

㉑ 國懸《くにかかす》神宮

所在地 和歌山県和歌山市
祭神 國懸大神《クニカカスノオオカミ》

㉒ 日前《ひのくま》神宮

所在地 和歌山県和歌山市
祭神 日前大神《ヒノクマノオオカミ》

㉓ 鹿島《かしま》神宮 ➡P83

所在地 茨城県鹿嶋市
祭神 武甕槌大神《タケミカヅチノオオカミ》

㉔ 香取《かとり》神宮

所在地 千葉県香取市
祭神 経津主大神《フツヌシノオオカミ》

古事記関連年表

この年表は日本書紀の記述をもとにしているため、古事記と矛盾する内容があります。また、内容は必ずしも史実に即したものではありません。

西暦	年号	できごと
前667		**神倭伊波礼毘古命**《カムヤマトイハレビコノミコト》が東征を開始（↓P112）
前660	神武1	神倭伊波礼毘古命《カムヤマトイハレビコノミコト》が**神武天皇**《じんむ》として即位 （神武76年崩御）（↓P116）
前581	綏靖1	**綏靖天皇**《すいぜい》が即位（綏靖34年崩御）（↓P122）
前549	安寧1	**安寧天皇**《あんねい》が即位（安寧38年崩御）
前510	懿徳1	**懿徳天皇**《いとく》が即位（懿徳34年崩御）
前475	孝昭1	**孝昭天皇**《こうしょう》が即位（孝昭83年崩御）
前392	孝安1	**孝安天皇**《こうあん》が即位（孝安102年崩御）
前290	孝霊1	**孝霊天皇**《こうれい》が即位（孝霊76年崩御）
前214	孝元1	**孝元天皇**《こうげん》が即位（孝元57年崩御）
前158	開化1	**開化天皇**《かいか》が即位（開化60年崩御）
前97	崇神1	**崇神天皇**《すじん》が即位（崇神68年崩御）
前93	崇神5	疫病の流行により多くの人民が死亡（↓P124）
前88	崇神10	**大毘古命**《オホビコノミコト》らを諸国に派遣する（↓P126）
前29	垂仁1	**垂仁天皇**《すいにん》が即位（垂仁99年崩御）

西暦	年号	できごと
325	仁徳13	**茨田**《まむた》の穀倉と**丸邇池**《わにのいけ》をつくる（↓P164）
342	仁徳30	仁徳天皇が**八田若郎女**《ヤタノワキイラツメ》を召す。 皇后の石之日売《イハノヒメ》は**筒木の宮**《つつきのみや》に入り、天皇との面会を拒絶する（↓P166）
352	仁徳40	**速総別王**《ハヤブサワケノミコ》と**女鳥王**《メドリノミコ》が反逆し、殺害される（↓P166）
400	履中1	**墨江中王**《スミノエノナカツミコ》の反乱が鎮圧され、**履中天皇**《りちゅう》が即位 （履中6年崩御）（↓P170）
406	反正1	**反正天皇**《はんぜい》が即位（反正5年崩御）
412	允恭1	**允恭天皇**《いんぎょう》が即位（允恭42年崩御）
453	安康1	**木梨之軽太子**《キナシノカルノミコ》が自害し、**安康天皇**《あんこう》として即位 （↓P172）
456	安康3	**目弱王**《マヨワノミコ》が安康天皇を殺害。**大長谷王子**《オホハツセノミコ》が 目弱王《マヨワノミコ》を討伐し、**市辺之忍歯王**《イチノベノオシハノミコ》を殺害。 **雄略天皇**《ゆうりゃく》として即位（雄略23年崩御）（↓P176）
460	雄略4	雄略天皇、葛城山中で**一言主大神**《ヒトコトヌシノオホカミ》に遭遇

前25	垂仁5	**沙本毘古王《サホビコノミコ》**・**沙本毘売《サホビメ》**の謀反（↓P128）
前5	垂仁25	**倭比売命《ヤマトヒメノミコト》**が伊勢に**天照大御神《アマテラスオホミカミ》**を鎮座
71	景行1	**景行《けいこう》天皇**が即位（景行60年崩御）
97	景行27	**倭建命《ヤマトタケルノミコト》**が熊曾《クマソ》を討つ（↓P142）
110	景行40	倭建命《ヤマトタケルノミコト》が東征を開始（↓P144）
113	景行43	倭建命《ヤマトタケルノミコト》が命を落とす（↓P146）
131	成務1	**成務《せいむ》天皇**が即位（成務60年崩御）
192	仲哀1	**仲哀《ちゅうあい》天皇**が即位（仲哀9年崩御）
200	仲哀9	**神功皇后《じんぐうこうごう》**が**新羅《しらき》**に遠征（↓P150）。**品陀和気命《ホムダワケノミコト》**を出産（↓P152）
201	神功1	**香坂王《カゴサカノミコ》・忍熊王《オシクマノミコ》**の反乱を神功皇后が鎮圧（↓P152）
252	神功52	百済《くだら》から**七枝刀《ななさやのたち》**が献上される（↓P160）
269	神功69	神功皇后が崩御
270	応神1	**応神《おうじん》天皇**が即位（応神41年崩御）（↓P156）
310	応神41	**宇遅能和紀郎子《ウヂノワキイラツコ》**が**大山守命《オホヤマモリノミコト》**の反乱を鎮圧（↓P156）
313	仁徳1	**仁徳《にんとく》天皇**が即位（仁徳87年崩御）（↓P164）
316	仁徳4	人民の**課役**を3年間免除する（↓P164）

480	清寧1	**清寧《せいねい》天皇**が即位（清寧5年崩御）
481	清寧2	**意祁王《オケノミコ》・袁祁王《ヲケノミコ》**の二王子が発見される（↓P180）
484	清寧5	**飯豊王《イヒトヨノミコ》**が政務をとる
485	顕宗1	**顕宗《けんぞう》天皇**が即位（顕宗3年崩御）
486	顕宗2	意祁王《オケノミコ》に諫められ、顕宗《けんぞう》天皇が雄略天皇の陵墓破壊を中止する（↓P180）
488	仁賢1	**仁賢《にんけん》天皇**が即位（仁賢11年崩御）
498	武烈1	**武烈《ぶれつ》天皇**が即位（武烈8年崩御）
507	継体1	**継体《けいたい》天皇**が即位（継体25年崩御）
534	安閑1	**安閑《あんかん》天皇**が即位（安閑2年崩御）
535	宣化1	**宣化《せんか》天皇**が即位（宣化4年崩御）
539	欽明1	**欽明《きんめい》天皇**が即位（欽明32年崩御）
572	敏達1	**敏達《びだつ》天皇**が即位（敏達14年崩御）
586	用明1	**用明《ようめい》天皇**が即位（用明2年崩御）
587	用明2	**崇峻《すしゅん》天皇**が即位
592	崇峻5	崇峻《すしゅん》天皇が**蘇我馬子《そがのうまこ》**に暗殺され、**推古《すいこ》天皇**が即位（推古36年崩御）

索引

※赤字は神名
※青字は人名（神武天皇以降）

あ

主要参考文献

『古事記の謎をひもとく』谷口雅博著（弘文堂）／『古事記（上）（中）（下）』次田真幸訳注（講談社学術文庫）／『読み解き古事記 神話篇』三浦佑之著（朝日新聞出版）／『古事記を読みなおす』三浦佑之著（ちくま新書）／『口語訳 古事記（神代篇）（人代篇）』三浦佑之著（文春文庫）／『古事記』倉野憲司校注（岩波文庫）／『マンガ古典文学 古事記 〈壱〉〈弐〉』里中満智子著（小学館）／『まんがで読む古事記1～5』久松文雄著（青林堂）／『愛と涙と勇気の神様ものがたり まんが古事記』ふわこういちろう著（講談社）／『地図と写真から見える！ 古事記・日本書紀』山本明著（西東社）／『オールカラーでわかりやすい！ 古事記・日本書紀』多田元監修（西東社）／『カラー版イチから知りたい！神道の本』三橋健著（西東社）／『大判ビジュアル図解 大迫力！写真と絵でわかる 古事記・日本書紀』加唐亜紀著（西東社）

監修者 **谷口雅博**（たにぐち まさひろ）

國學院大學文学部教授。博士（文学）。1960年、北海道生まれ。1991年、國學院大學大学院文学研究科博士課程後期所定単位取得退学。専攻は日本上代文学（古事記・風土記など）。おもな著書に、『古事記の謎をひもとく』（弘文堂）、『古事記の表現と文脈』（おうふう）、『風土記説話の表現世界』（笠間書院）、『風土記探訪事典』（共著・東京堂出版）などがある。

マンガ　小坂伊吹
イラスト　桔川伸、黒杞よるの
デザイン　佐々木容子（カラノキデザイン制作室）
DTP　センターメディア
校正　エディット
編集協力　浩然社

カラー版《ばん》 一番《いちばん》よくわかる古事記《こじき》
「神々《かみがみ》の系譜《けいふ》」折込《おりこ》み付《つ》き

監修者　谷口雅博
発行者　若松和紀
発行所　株式会社 西東社
〒113-0034　東京都文京区湯島2-3-13
https://www.seitosha.co.jp/
電話　03-5800-3120（代）
※本書に記載のない内容のご質問や著者等の連絡先につきましては、お答えできかねます。

ISBN 978-4-7916-2987-9